あなたと語る

般若心経

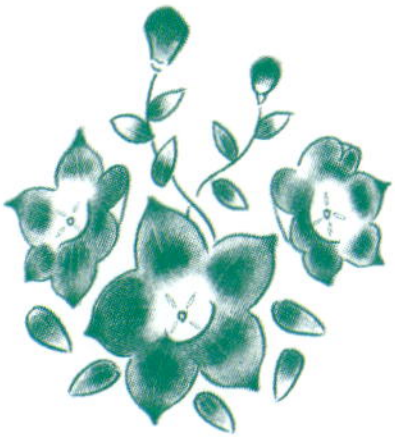

齋藤喜一

文芸社

『般若心経』を嗜《たしな》む

摩《ま》訶《か》般《はん》若《にゃ》波《は》羅《ら》蜜《み》多《った》心《しん》経《ぎょう》

観《かん》自《じ》在《ざい》菩《ぼ》薩《さつ》。行《ぎょう》深《じん》般《はん》若《にゃ》波《は》羅《ら》蜜《み》多《った》時《じ》。
照《しょう》見《けん》五《ご》蘊《おん》皆《かい》空《くう》。度《ど》一《いっ》切《さい》苦《く》厄《やく》。舎《しゃ》
利《り》子《し》。色《しき》不《ふ》異《い》空《くう》。空《くう》不《ふ》異《い》色《しき》。色《しき》
即《そく》是《ぜ》空《くう》。空《くう》即《そく》是《ぜ》色《しき》。受《じゅ》想《そう》行《ぎょう》識《しき》。
亦《やく》復《ぶ》如《にょ》是《ぜ》。舎《しゃ》利《り》子《し》。是《ぜ》諸《しょ》法《ほう》空《くう》相《そう》。

不《ふ》生《しょう》不《ふ》滅《めつ》。不《ふ》垢《く》不《ふ》浄《じょう》。不《ふ》増《ぞう》不《ふ》減《げん》。
是《ぜ》故《こ》空中《くうちゅう》。無《む》色《しき》無《む》受《じゅ》想《そう》行《ぎょう》識《しき》。無《む》
眼《げん》耳《に》鼻《び》舌《ぜつ》身《しん》意《に》。無《む》色《しき》声《しょう》香《こう》味《み》触《そく》法《ほう》。
無《む》眼《げん》界《かい》乃《ない》至《し》無《む》意《い》識《しき》界《かい》。無《む》無《む》明《みょう》亦《やく》
無《む》無《む》明《みょう》尽《じん》。乃《ない》至《し》無《む》老《ろう》死《し》。亦《やく》無《む》老《ろう》
死《し》尽《じん》。無《む》苦《く》集《しゅう》滅《めつ》道《どう》。無《む》智《ち》亦《やく》無《む》得《とく》。

以《い》無《む》所《しょ》得《とく》故《こ》。菩《ぼ》提《だい》薩《さつ》埵《た》。依《え》般《はん》若《にゃ》
波《は》羅《ら》蜜《みっ》多《た》故《こ》。心《しん》無《む》罣《けい》礙《げ》。無《む》罣《けい》礙《げ》
故《こ》。無《む》有《う》恐《く》怖《ふ》。遠《おん》離《り》一《いっ》切《さい》顛《てん》倒《どう》夢《む》
想《そう》。究《く》竟《ぎょう》涅《ね》槃《はん》。三《さん》世《ぜ》諸《しょ》仏《ぶつ》。依《え》般《はん》
若《にゃ》波《は》羅《ら》蜜《みっ》多《た》故《こ》。得《とく》阿《あ》耨《のく》多《た》羅《ら》三《さん》藐《みゃく》
三《さん》菩《ぼ》提《だい》。故《こ》知《ち》般《はん》若《にゃ》波《は》羅《ら》蜜《みっ》多《た》。是《ぜ》
大《だい》神《じん》呪《しゅ》。是《ぜ》大《だい》明《みょう》呪《しゅ》。是《ぜ》無《む》上《じょう》呪《しゅ》。

是《ぜ》無《む》等等《とうとう》呪《しゅ》。能除《のうじょ》一切苦《いっさいく》。真実《しんじつ》
不《ふ》虚《こ》。故《こ》説《せつ》般若《はんにゃ》波羅蜜多《はらみった》呪《しゅ》。即《そく》
説呪曰《せつしゅわつ》。
羯諦羯諦《ぎゃていぎゃてい》。波羅羯諦《はらぎゃてい》。波羅僧羯《はらそうぎゃ》
諦《てい》。菩提薩婆訶《ぼじそわか》。
般若心経《はんにゃしんぎょう》。

『般若心経』の真言《しんごん》（マントラ・mantra）

羯諦《ぎゃてい》羯諦《ぎゃてい》。波羅羯諦《はらぎゃてい》。
波羅僧羯諦《はらそうぎゃてい》。
菩提薩婆訶《ぼじそわか》。

---

gate《ガテー》 gate《ガテー》 parogate《パーラガテー》
patasamgate《パーラサムガテー》
bodhi savaha《ボーディスヴァーハー》

【真言】

①真実のことば。真実を語ること。
②密教でいう真実絶対のことばで、仏・菩薩など、およびそれらのはたらきを表示する秘密の語。漢訳では呪・神呪・密呪・密言という。仏や菩薩の本誓を示す秘密語。呪・陀羅尼に同じ。また陀羅尼の短いもの。まことば。真実のことば。真実の誓い。

（『広説佛教語大辞典』東京書籍）

――右記の「真言」の訳として――

〔A〕一般的な訳

　行ったものよ（羯諦）。行ったものよ。むこう岸に行ったものよ。（波羅羯諦）。むこう岸に完全に行ったものよ（波羅僧羯諦）。さとりよ（菩提）。おめでとう（薩婆訶）。

〔B〕Aとは異なる訳

「明らかにせんか！　明らかにせんか！　バラモン神教の迷信を解く智恵を。バラモン神教の迷信を解く智恵を明らかにせんか。僧たちよ！　仏教の本当の真理を明らかにして悟らせ、一切衆生を、苦しみわずらいから救済せんか！」と。

前頁「真言」の訳の出典（引用の著作）

〔A〕一般的な訳　池田魯参『般若心経』講談社　平成十二年（二〇〇〇）一九一～一九二頁

〔B〕Aとは異なる訳　久次米廣文『般若心経』MBC21　平成十二年（二〇〇〇）一二六頁

人生への味つけは、
不執著（ふしゅうじゃく）で……

序にかえて

嗜《たしな》む

小著の最初、お経のページの前のタイトルを『般若心経を嗜む』としましたが、嗜むには「親しむ」という意味もあり、親しむことによって、このお経をつくったひとたちと語りあっているようであったら、これもひとつのメリットかもしれない、そんな観点から、この見出しにしました。

そこで、親しむという場合、「経」を読むのがお好きなかたは、それもいいと思うし、また、意味に関心をお持ちのかたは、般若心経については実に多くの著作（出版）があるので、その中からいくつかを手にされ、読んでみると、なるほど、と、思われる点（収穫）が、いくつか得られるかもしれません。

「経」を文化として

般若心経は、仏教行事の中でよく読まれますし、巡礼のかたが唱えているのも、テレビなどで見たりもします。しかし、このようなことのほかにも、一般的に広く読まれ、また、好きなかたは、日常的にあるいは折にふれて唱えられています。そして、実にたくさんの著作が出版されているので、「般若心経」関係の本を何冊か読まれているかたも多いことと思います。

そうなると、端的に言うならば、ひとつの文化、読まれているかたの精神世界の糧《かて》になっていると言っていいかもしれません。

多少、関心をもっているかたが、この経のおおよそのところを知りたいと思うのも、決して可笑《おか》しなことではありません。

つまり、いつ、このお経はできたのか、誰がつくったのか、また、その中味は哲学書なのかそれとも祈り、誓願の真言か、あるいはその双方を含むものなのか辿《たど》ってみたくなることも、わからなくはありません。

人生への味つけ

人の一生は、ひとつのドラマだと思います。その間、いろいろな変化に出会っては一喜一憂することもあり、人生八十年時代といわれるが、生涯において、まったく同じような日は一日もなく、日々、種々相です。

この変化に、自分の平生《へいぜい》のリズムを合わせるのが困難なこともあり、苦慮したり、頓挫する場合もあれば、また、意外とラッキーなときは、有頂天《うちょうてん》になったりもします。

このように、口《くち》で言うはたやすいが、現実を乗り切っていくには、なかなか難《むずか》しいことに遭遇《そうぐう》することもあります。

しかし、自分の人生、まずは、自分で味つけをしていかなければなりません。

そのためには、どんなことが肝心《かんじん》であろうか、処世の実際にはいろいろあると思うが、私は、そのひとつに「不執著（ふしゅうじゃく）」をあげたい。

不執著《ふしゅうじゃく》

「捨てること」……、つまり、こだわり、考えすぎを捨てることだと思います。ある目的をもって、研究に打ち込むとか、作品の完成に没頭するのは、いわゆるこだわりではありません。

日常の中で、ものごとに、また、人間関係において、あまりこだわらないことが賢明だと思います。

「般若心経」から、その意を汲もうとするなら、このことも、そのひとつです。

実際の場面では、なかなか難しいことですが、執着しないことで、多少なりとも、さっぱり感を得られれば、それでいいと思います。

あなたと語る般若心経　目次

摩訶般若波羅蜜多心経《まかはんにゃはらみったしんぎょう》

観自在菩薩《かんじざいぼさつ》。行深般若波羅蜜多時《ぎょうじんはんにゃはらみったじ》。照見五蘊皆空《しょうけんごおんかいくう》。度一切苦厄《どいっさいくやく》。舎利子《しゃりし》。色不異《しきふい》空《くう》。空不異色《くうふいしき》。色即是空《しきそくぜくう》。空即是色《くうそくぜしき》。受想行識《じゅそうぎょうしき》。亦復如是《やくぶにょぜ》。舎利子《しゃりし》。是諸法空相《ぜしょほうくうそう》。不生不滅《ふしょうふめつ》。不垢不浄《ふくふじょう》。不増不減《ふぞうふげん》。是故空中《ぜこくうちゅう》。無色無受想行識《むしきむじゅそうぎょうしき》。無眼耳鼻舌身意《むげんにびぜつしんに》。無色声香味触法《むしきしょうこうみそくほう》。無眼界乃至無意識界《むげんかいないしむいしきかい》。無無明亦無無明尽《むむみょうやくむむみょうじん》。乃至無老死《ないしむろうし》。亦無《やくむ》老死尽《ろうしじん》。無苦集滅道《むくしゅうめつどう》。無智亦無得《むちやくむとく》。以無所得故《いむしょとくこ》。菩提薩埵《ぼだいさった》。依般若波羅蜜多故《えはんにゃはらみったこ》。心無罣礙《しんむけいげ》。無罣礙故《むけいげこ》。無有恐怖《むうくふ》。遠離一切顛倒夢想《おんりいっさいてんどうむそう》。究竟涅槃《くぎょうねはん》。三世諸仏《さんぜしょぶつ》。依《え》般若波羅蜜多故《はんにゃはらみったこ》。得阿耨多羅三藐三菩提《とくあのくたらさんみゃくさんぼだい》。故知般若波羅蜜多《こちはんにゃはらみった》。是大神呪《ぜだいじんしゅ》。是大《ぜだい》明呪《みょうしゅ》。是無上呪《ぜむじょうしゅ》。是無等等呪《ぜむとうどうしゅ》。能除一切苦《のうじょいっさいく》。真実不虚《しんじつふこ》。故説般若波羅蜜多呪《こせつはんにゃはらみったしゅ》。即説呪曰《そくせつしゅわっ》。羯諦羯諦《ぎゃていぎゃてい》。波羅羯諦《はらぎゃてい》。波羅僧羯諦《はらそうぎゃてい》。菩提薩婆訶《ぼじそわか》。般若心経《はんにゃしんぎょう》。

第一部　『般若心経』ノート

第一章『般若心経』の訓読みと意訳（考）

――ひとつの試みの読みとして――

摩訶般若波羅蜜多心経《まかはんにゃはらみったしんぎょう》（1）（2）

観自在菩薩《かんじざいぼさつ》。行深《ぎょうじん》般若波羅蜜多時《はんにゃはらみったじ》。
照見《しょうけん》五蘊皆空《ごおんかいくう》。度《ど》一切苦厄《いっさいくやく》。

〔訓読み〕

観自在菩薩《かんじざい》(3)(4)……(聞くところによると、釈尊の教説では……(5))、深き般若波羅蜜多を行ぜしとき、五蘊《おん》は皆空《みなくう》なりと照見《しょうけん》して、一切《いっさい》の苦厄《くやく》を度《すく》いたまえり。

【意訳《いやく》】(以下、単に「意《い》」と記す。)

安《やす》らぎへの希《ねが》いを拓《ひら》くことにおいて、心を観察すること自由自在である菩薩(観自在菩薩・そもそもは、釈尊の教説によって……)悟《さと》りを求めて修行していたとき(行深般若波羅蜜多時)、世の中のあらゆる存在は、五つの構成要素(五蘊)からできていることを悟った。

五つの要素とは、色《しき》、受《じゅ》、想《そう》、行《ぎょう》、識《しき》であるが、その本性《ほんせい》は実体をとらえられないもの(五蘊皆空)ということも同時に悟り、人はみな、一切の試練を乗り越え乗り切れると……、と説いている。

舍利子《しゃりし》。色不異空《しきふいくう》。空不異色《くうふいしき》。

色即是空《しきそくぜくう》。空即是色《くうそくぜしき》。受想行識《じゅそうぎょうしき》。

亦復如是《やくぶにょぜ》。

〔訓読み〕
舎利子《しゃりし》よ、色《しき》は空《くう》に異《こと》ならず。空は色に異ならず。色は即ち是れ空、空は即ち是れ色にして、色、受、想、行、識亦復《もまたかく》是の如《ごと》し。

【意】

シャーリプトラ（舎利子）よ。……（よびかけとして、「みなよ！」と解せないか。舎利子は、いわば、教説に耳を傾ける受け手の立場の代表ととらえて……）

世の中のあらゆる物質的現象（色）は、変化してやまない、つまり、実体が不変ではないのである（色不異空）。

すべての存在現象というものは、「縁起《えんぎ》」の法則によって成り立っている。縁起とは、ある原因に一定の条件が加わって結果を生み出すことをいうのであり、いま、ここに或《あ》るかたちを見られるとしても、これは変化し、実体は異なっていくのである。

このようなことは、心のはたらきである受（感覚）、想（知覚）、行（意思）、識（判断）においても、物質的現象と同様である。

舎利子《しゃりし》。是諸法空相《ぜしょほうくうそう》。不生不滅《ふしょうふめつ》。不垢不浄《ふくふじょう》。不増不減《ふぞうふげん》。

〔訓読み〕

舎利子よ、いわゆる諸法は空相《くうそう》にして、生《しょう》ぜず滅《めっ》せず、垢《あか》つかず、浄《きょ》らかならず、増《ふ》えず減《へ》らず。

【意】

シャーリプトラ（前述に同じ）よ。　諸法は空《くう》にして（空相）、世の中のあらゆるものは、縁起の法則によって変化を繰り返すものなのである。

したがって、生《しょう》じ続けるものもなければ、滅し続けるものもない（不生不滅）。

また、すべての現象の、その実体を見ると、増えることもなければ、減《へ》ることもないと、とらえられる（不増不滅）。

是故《ぜこ》空中《くうちゅう》。無色無受《むしきむじゅ》想行識《そうぎょうしき》。
無眼耳鼻舌身意《むげんにびぜつしんに》。無色声香《むしきしょうこう》味触法《みそくほう》。
無眼界乃至無意識界《むげんかいないしむいしきかい》。

〔訓読み〕

この故《ゆえ》に、空の中には色は無く、受、想、行、識も無し。眼《げん》、耳《に》、鼻《び》、舌《ぜつ》、身《しん》、意《い(に)》もなく、色《しき》、声《しょう》、香《こう》、味《み》、触《そく》、法も無し、眼界もなく、乃至《ないし》意識界もない。

【意】

したがって、実体がないという観点からは（是故空中）、物質的現象（色）も、感覚（受）も、表象すること（想）も、意識（識）も変化していくものであると、とらえる。

つまり、五蘊のすべてに実体はない（五蘊皆空）、このように受けとめると、眼耳鼻舌身意といった感覚器官と、それに対応する色声香味触法も、さらに、感覚器官とその対象、そして感覚作用も、いわゆる感覚の領域（界）は、みな同じで、つねに変化して止まないことがわかる。

すなわち、感覚とその対応領域だけではなく、意識にかかわる面までも、つねに変化が続いているのである（無眼界乃至無意識界）。

無《む》無《む》明《みょう》亦《やく》無《む》無《む》明《みょう》尽《じん》。乃《ない》至《し》無《む》老《ろう》死《し》。
亦《やく》無《む》老《ろう》死《し》尽《じん》。無《む》苦《く》集《しゅう》滅《めつ》道《どう》。
無《む》智《ち》亦《やく》無《む》得《とく》以《い》無《む》所《しょ》得《とく》故《こ》。

〔訓読み〕

無明もなく、また、無明の尽くることもなく。乃至、老も死もなく、また、老と死の尽くることもなし、苦（試練ということも……）も、集も滅も道もなく、智もなく、また、得もなく、つまり、何も得ることなし。

【意】

このように、おしなべて実体がない（変化が続く……）世の中であるが故《ゆえ》に、煩悩《ぼんのう》さえも変化し（無無明）、だからと言って尽きることもなく（亦無無明尽）、さらに、老いることも死も変化であり、このような老いや死もなくなるということもない（乃至無老死、亦無老死尽）。同じように試練（苦）や、その原因（集）にも変化がある、しかし、試練に当面しないようにすることも、そのようなことが起きないような対応も不可能なのである（無苦集滅道）。

このようなうつりかわりの続く世の中で、何かを所有し、それが不変であるということもないのである（以無所得故）。つまり、何かを変化させないようにして所有しているということはできない（無所得）。

一般的な受けとめ方では、知ることもなく、得ることもなければ、まったく無意味とも解されるが、しかし、このことは、方便(6)の強調であって、われわれは、何かを知っていたり、何かを得たりして、そのことに強度に執着し続けることは、むしろ、迷い苦しむ道を進んでいることになり、やはり、〝執着〟という着衣は適時に脱《ぬ》ぐことであり、場合によっては、更衣も賢明な選択となることがすくなくない。

菩提薩埵《ぼだいさつた》。依般若波羅蜜多故《えはんにゃはらみったこ》。
心無罣礙《しんむけいげ》。無罣礙故《むけいげこ》。無有恐怖《むうくふ》。
遠離一切顛倒夢想《おんりいっさいてんどうむそう》。究竟涅槃《くぎょうねはん》。

〔訓読み〕

菩提薩埵は、般若波羅蜜多に依るが故に、心に罣礙なく、罣礙なきが故に恐怖《くふ》あることもなく、一切の顛倒夢想を遠離《おんり》して涅槃《ねはん》を究竟《くぎょう》す。

【意】

菩薩(7)は、悟りの智慧（よこしまでない、良心の呵責《かしゃく》(8)を覚えない……、そういう生き方、つまり、般若波羅蜜多）をもとにしての実践であるため、こころにわだかまりなく、こころが何かに覆《おお》われることもない（心無罣礙）。

こころが邪念に覆われることがないから、恐れることもなく（無有恐怖）、物事を誤解するということから遠く離れて（遠離一切顛倒夢想）、悟りの本旨《ほんし》[9]が身についている（究竟涅槃）。

このように、悟りの智慧（いい生き方の実践）に安住すれば、迷いということも、試練への対応という点でも、執着心に限りなく悩まされることもなくなってしまう。

悟りは、特定の修行によってではなく、どなたでも日常の智慧（実践）によって可能なことである。


三世諸仏《さんぜしょぶつ》。依般若波羅蜜多故《えはんにゃはらみったこ》。

得阿耨多羅三藐三菩提《とくあのくたらさんみゃくさんぼだい》。

〔訓読み〕

三世諸仏も般若波羅蜜多に依るが故に、阿耨多羅三藐三菩提を得る。

【意】

三世（過去、現在、未来）に悟りを開いた偉大な人々（三世諸仏）(10)は、ことごとく般若波羅蜜多を行《ぎょう》ずること（深遠な悟りの智慧の実践）によって、無上《むじょう》の崇《すう》高《こう》な正しい智慧をしっかりと体得していたのである（得阿耨多羅三藐三菩提）。

故《こ》知《ち》般若《はんにゃ》波羅蜜多《はらみった》。是《ぜ》大神呪《だいじんしゅ》。是《ぜ》大明呪《だいみょうしゅ》。是《ぜ》無上呪《むじょうしゅ》。是《ぜ》無等等呪《むとうとうしゅ》。

能除一切苦《のうじょいっさいく》。真実不虚《しんじつふこ》。故説般《こせつはん》若波羅蜜多呪《にゃはらみったしゅ》。即説呪曰《そくせつしゅわつ》。

〔訓読み〕

故に知る、般若波羅蜜多は、是れ大神呪、是れ大明呪、是れ無上呪、是れ無等等呪なり。能《よ》く一切の苦を除き、真実にして虚《こ》ならず、故に般若波羅蜜多の呪《じゅ》を説《と》く。即ち呪を説きて曰《いわ》く。

【意】

故《ゆえ》に、人《ひと》は、智慧（般若）の完成（波羅蜜多）のことを知る。そして、つぎの真言は神聖にして無比なるもの（是大神呪）、一切の試練に対応できる偉大な悟りの智慧を明らかにする真言であり（是大明呪）、この上なく優れた真言であり

（是無上呪）、他に比べるものなどあり得ない無比の真言である（無等等呪）。

そして、この真言は一切の試練にどう対応するかの考え（希《ねが》い、生き方など）にヒントをあたえてくれる。

それは、真言の意味(11)そのものものであり、偽りなどまったくない（真実不虚）。

このいい智慧をめざす真言は、次のように説いている（故説般若波羅蜜多呪）。

即ち、「真言」とは、このようなことを説いているのである。

> 羯諦《ぎゃてい》羯諦《ぎゃてい》。波羅《はら》羯諦《ぎゃてい》。
> 波羅《はら》僧《そう》羯諦《ぎゃてい》。菩提《ぼじ》薩婆訶《そわか》。

［読み・意訳、九頁及び一三九～一四〇頁参照］

般若心経《はんにゃしんぎょう》。

以上で、智慧の精髄《せいずい》の教えを説きおわるとして『般若心経』は経名をもって締めている。

（1）**池田魯参**『般若心経』講談社・平成二年（一九九〇）四九頁

「摩訶」は、マハーの音訳語で、大・多・勝の義である。大きいこと、豊かなこと、勝《すぐ》れていること、という三つの意味を含むから、あえて訳さないのである。

「般若」は、プラジュニャーの音訳語で「智慧」と訳される。パーリ語では、パンニャーであるから、般若の発音にいっそう近い。

智慧とは、生命の真実を発見したときに現れる根源的な叡智《えいち》のことである。ブッダのさとりの内容にほかならない。『心経』では、この智慧を空《くう》の風光として展開している。

（2）同右書　二一頁、経題の現代語訳として「偉大な智慧の完成の精髄を示す教え」としている。

「摩訶」は現行読誦本にはあるが、玄奘訳にはない。

（3）「観自在菩薩」については、つぎにあげるところによると、よく理解できる。

上野陽一『たれにもわかるハンニャ心経』大法輪閣・昭和二十九年（一九五四）五五～五六頁

この経を説いた人はダレか

この経は、観自在ボサツという書き出しになっているので、教主は観音さまであると主張する論者がいる。しかし、(一) 観音さまはシャカのように、歴史上に実在した人間ではない。また、(二) シャリ子よと呼びかけている点から考えてみて、これはシャカの説法であるとみるのが妥当のようである。

シャカがまだボダイ樹の下で修行しておったときに、サトリを開かれた。その要点を説いているのがこの心経であるといわれている。しかしそれはシャカの死後、何百年もたってからのことだというから、シャカが一言一句この通りに説教されたのだとは思えない。

後世の弟子がこういう文章に整理したのであるとおもわれる。しかしそれはどうでもよい。この経文のネウチは、そんなことで左右されるものではない。

それならなぜ、シャカは「自分が修行しているときに」といわないで、「観自在ボサツが」と説きおこされたのか。むろんシャカは、自分が修行して、こういうサトリを開いたのだといっても差支えないのである。しかし自分の経験したことでも、これを人に報告するときには、ある人がとか、または理想の人物になぞらえて語る方が有効なことがある。

(4) 前注(3)とは観点が異なる「次の引用」も「観音菩薩」については、いわば「理想のイメージ」と言っているので、結論としては、前注などと類似ともとれなくもない。

岡野守也『わかる般若心経』水書房・平成九年(一九九七)二一頁

……お釈迦さまが、観音さまの覚りの話をしたのだという解釈もありますが、本書(上記の著書)では、観音さま自身が説いたという説のほうを採っておきます。(中略)

三五~三七頁

……現代の仏教の歴史学・文献学的な研究からいうと、心経を含めて大乗仏典はみな、紀元前後、大乗仏教が興って以降に作られたもので、そのままお釈迦さまが説いたものとはいえないようです。(中略)

……もともと仏教でいう仏は、覚った人のことで、人間とは違う超人的な存在のことではなく「菩薩」も「ボーディ＝覚り」を求める「存在＝サットヴァ」という意味ですから、人間のこと、求道者・修行者のことだったようです。（中略）

……「観音菩薩」は、客観的にいるかどうかが問題ではなく、「大乗仏教の修行者＝菩薩が究極の境地に達したらこんなふうになるという、いわば理想のイメージであり、モデルである」と考えるのがいいんじゃないでしょうか。……（中略）

……「観音菩薩とは、私たちの心の奥底に秘められている、成長の可能性を極限的なかたちへ、イメージ化したものだ」というふうに取るのが、現代人にとってもっとも妥当であり、意味が深いのではないかと思います。そう考えると、「心経」は私の心の奥底の「ほんとうの私」である観音菩薩が、まだ、未熟・成長不足の「現状の私」に、「私をモデル・目標として、ここまで成長しなさい」と呼びかけている、「私から私へのメッセージ」だということになります。

（5）「経説」とは、経文に記された仏説。（『広辞苑』・岩波書店）

（6）「方便（ほうべん）」とは、①（仏教語）衆生を教え導く巧みな手段。真理に誘い入れるために仮に設けた教え。」②目的のために利用する便宜の手段。（『広辞苑』・岩波書店）

（7）「菩薩（ぼさつ）」の語義

三枝充悳（さえぐさみつよし）『龍樹・親鸞ノート』法藏館、平成九年（一九九七）二六四頁

菩薩すなわち菩提薩埵（bodhisattva）について、……菩提とは仏道ないしその無上智慧を、薩埵とは、大心または衆生をいい、したがって、一切衆生を老病死煩悩などの苦より度脱せしめようと、初め大心を発しその心は不動にして絶えず精進怠らず仏道を行じ無上智慧を求める。その過程の段階が菩薩と呼ばれる。

（8）「呵責（かしゃく）」叱り責めること。責めさいなむこと。「良心の――」（『広辞苑』・岩波書店）

（9）「本旨（ほんし）」本来の趣旨（『広辞苑』・岩波書店）

（10）「三世」とは、「三世諸仏」のこと。ただ未来仏についてはどう説明したらいいか。そこで、直接右記と結びつくことではないが、筆者（私見）は、〝仏の智慧〟と同じことと理解したいのだが、たとえば……

・先祖の智慧

・先輩の智慧（知己や現代の賢者の……）

・先哲（前代の哲人、昔の賢者）の智慧

に学ぶ、あるいは、尊ぶ、と解したらどうかと思う。

（11）「真言の意味」。一三九～一四〇頁参照。

第二章『般若心経』を観る

般若心経の「真言」についての概略は、前述のとおりであるが、さらに具体的なことは、第二部第三部及び第四部で、たどってみたい。

また、「経題」のこと、「観音菩薩」のことなど、前章（第一部第一章）で、端的な考察を若干試みたが、本章では、「般若の智慧」「般若心経は、いつできたか」「般若心経は誰がつくったのか」そして、「般若心経は、どんな構造なのか」などに関して、その大筋をみていきたい。

記述は、鼎談《ていだん》のかたちで、Rさん、Mさん、私の三人が語りあう、視点をかえて考え合っていくという形式でとりくんでみたい。

第一節　般若の智慧

R　「般若」とは、初期仏教の時代から、いわゆる釈尊の悟りの智慧を示すのに用いられ、同時に、釈尊は、弟子たちにも、「この般若を得べきである」と説いていますね。(1)

M　つまり、般若の智慧のことですね。それは、全体的な認識、全体的な直観のことを指し、しかもこの全体という場合、その中に自己も含むわけですし、状況としては、見る自己も見られるものの中に含まれなければならない。要するに、見る人と見られるものとが融合した世界、つまり、自分というもののなくなった世界の認識なわけです。

これを「境識倶泯《きょうしきぐみん》」というんだそうですね。(2)

R　この「般若」という語は、いわば仏教を代表する重要な言葉のひとつですが、これは音写語で、いくらこの文字を眺めていても、その意味理解にはいたらないと思います。

本来なら、その音写のもととなっている古代インド語はどうなっているかを見る必要があるわけですが、いまは、まず、すすみましょう……。

それで、あえて、この語の意味をひとくちで言うと、「浄《きよ》らかな本性《ほんせい》」「大いなる智慧」「仏の智慧」「完全な智慧」などと説かれている著作[3]をよく見ますね。

私　まあ、仏教でいう智慧とは、いわゆる知識のことではなく、「智慧とは、何ものにも執着《しゅうちゃく》しないところの自在な用《はたら》きをいう」[4]という説明も目にしますね。

そこで、この自在とはどういうことなのか。われわれは善いことがあれば喜び、悪いことがあれば気がめいる。「一切善悪の境界において、ひとり自在なることなり」[5]（盤珪『心経抄』）とありますが、これは、達人にいたらなければできないことでしょうね。

M　さらに、このことばは、無我を基調とした自他不二の仏の智慧で、言いかえれば、人間が真実の生命に目覚めたときにあらわれる根源的な叡智という説明(6)もありますね。

R　奈良先生は、『般若心経講義』の中で次のように説いておられますね。(7)

中国の仏教徒がこのことばを翻訳するとき、困って、般若ということばを「智慧」と訳しているわけで、これは「知恵」にも通ずるのですが、普通わたくしどもが知恵というと、なんか機転がきくとか、とんちがあるとか、あるいは、難しい状況を乗り越えていくアイディアがあるというような意味につかわれます。それは、ひとが生きていくうえで必要な知識、処理のしかた、テクニック、そういった意味が強いと思います。

知識とは、知って記憶にとどめることなんで、それをたくさん持っている人を知恵者というわけです。

ところが、仏教でいう智慧は知識とは違います。仏法、真実に関する智慧であり、それが人生に働き出したときに般若、智慧といいます。

M　曹洞宗宗務庁発行の『仏教読本』[8]によると、次のように述べられています。

「般若」は普通、「智慧」と訳されている。しかし、智慧と訳すときは、その意味が限定され、狭くなってしまうので、般若のまま音訳したものである。この般若は、般若波羅蜜多というように、仏のさとりである「彼岸に到った状態」をさしているから、私たちが通常考えている智慧・才覚とは、違った意味の言葉である。

この般若は、世界・人生の真理をさとり、その処し方を体験したもののこころであるともいうことができる。

また、これとは、べつの見解[9]として、「般若」の意味は、「智慧」だけである。

それは「般若」が仏教の専門用語ではなく、当時のインドで日常的につかわれていた言葉（用語）であると考えられるから……。という説もあります。

私　要するに、ひとの人格的な面の向上と共にはぐくまれる「いい智慧」「仏法の智慧」というものは、実際の生活の中にしみ込んで、実感を伴って、つまり、そのことが現実にははたらいている（意識せずして機能している）ことを言うのではないかと思います。

M　そうですね、ただ頭の中で意味をたどるとか、言葉を解釈するだけでなく、日常の具体的な場面で、つまり、人生こもごものことで、もっと身近な例で話し合ってみたいことですね。

R　そのとおりだと思います。ただ観念的な理解のみでなく、より、実際的なことを……。

それは、第三部『般若心経』を語る……のところで、現実の話題をもとにたどってみましょう。

（1）平川　彰『般若心経の新解釈』世界聖典刊行協会・昭和六十三年（一九八八）四二頁

「般若」は、「プラジュニャー」の音訳語であるが、「智慧」と意訳される。プラジュニャーは、パーリー語では「パンニャー」という。即ちこの語は原始仏教の時代から用いられ、釈尊の悟りの智慧を示すのに用いられた。……

（2）平川　彰『現代人のための仏教』講談社現代新書・昭和四十五年（一九七〇）八五～八六頁

この著作の「3・仏教思想の深化」〈1〉「般若の智慧」のところで、本文中に引用のように説いている。

（3）金岡秀友『NHK・こころをよむ・般若心経』昭和六十一年（一九八六）一六～一七頁

「般若」の原語は、「プラジュニャー」で、プラは、おそらくパラ（最高の、勝れた）という形容詞から来た接頭語で、「前方に、甚だ、大いに、優れた」等を意味することばとして用いられる。ジュニャーは、「知る、察する、認識する」等の意味をもち、（略）と説明。さらに、本文中に引用のように説いている。

（4）鎌田茂雄『大法輪』（第64巻第7号）平成九年七月号　一〇八～一一〇頁

「『般若心経』とは何か」のところで、本文中に引用のように説明している。

（5）鎌田茂雄『大法輪』（第64巻7号）平成九年七月号　一〇九～一一九頁

（6）佐藤俊明『心のお経』書苑・昭和六十年（一九八五）三五～三六頁

……「般若」は智慧と訳されてますが、普通一般にいう知恵ではありません……（略）

に引き続き、本文中に引用のような説き方もしている。

（7）**奈良康明**『般若心経講義』東京書籍・平成十年（一九九八）二四～二五頁

……そもその原典から、中国で翻訳されるときのことについて、本文中に引用のような説明がある。

（8）**曹洞宗宗務庁教学部**『仏教読本・三』平成三年（一九九一）一九頁

「第二課・般若の空理について」のところで、本文中に引用のように説明している。

（9）**久次米廣文**『般若心経現代語訳』発行MBC21・平成十二年（二〇〇〇）五八頁

……私（著者、久次米氏）の分析では、「般若」の持つ意味は、「知恵」だけである。（略）と説明されている。

第二節　般若心経は、いつできたか

M　つぎに、般若心経は、いつできたのかについてみていきませんか……。

R　これは、きちんととらえようとすると、むずかしいんじゃないでしょうか……。

もちろん、理解としては、おおよその時点でいいわけですが……。

まあ、できれば、般若心経は、大般若経の要約なのか否《いな》か、ということについて、多少なりともあたってみたいんですけれど……。

M　そうですね、般若心経は「大般若経」の精要ではない、という説(1)と、いや、粋要(2)、エッセンス（真髄(3)(4)）あるいは、その結晶(5)と説いている場合がありますね。

いま、このことの大筋を理解しようとしても、大変むずかしいことと思うので、まず、簡単に般若心経はいつ頃できたのかについて、端的にみていきましょう……。

R　そのまえに、そもそも仏教のお経とは、どんなものか、ポイントを頭に入れておいてはいかがでしょうか……。それで、そのような理解にちょうどいい著述、『般若心経の本』(6)（学習研究社）の中で、阿部慈園《じおん》先生はつぎのように述べられております。

お経の成立は、紀元前三八三年頃、インドでお釈迦さまが亡くなられたあと、その教え戒め・教団に関する規律などについて、記憶が薄れないうちに成文化することが急務とされ、そのため、仏弟子の摩訶迦葉や阿難らが編集会議（結集）をもって、お経の集成である「経藏」と戒律の集成である「律藏」をつくりました。この経藏がいわゆる『阿含経《あごんきょう》』です。

それから数百年たった紀元前後ぐらいに大乗仏教が興《おこ》り、(7)その頃に「法華経」や「般若経」など、また、すこし遅れて密教系「大日経」や「金剛頂経」など多くの新しい経典が生まれています。さらに中国や日本でもいくつかお経ができてきています。仏教の経典はこのように五百年から七百年の間に生まれたもので、一般に、その数、八万四千と呼ばれています。(8)これを集大成したのが「大藏経」です。

紀元後ほどなく、智慧の完成（または完全なる智慧）を意味する「般若波羅蜜多」信奉の大乗仏教の中のひとつのグループによって、「小品般若経」

とか「大品般若経」「金剛般若経」など、多くの般若経典ができました。『般若心経』も、そのひとつです。

これは簡単ですが、とてもわかる説明だと思います。

M　説明がございましたように、いまのような形で般若心経ができあがったのは、紀元前百年ないし紀元後二百年頃であると言われていますね。
さきほどの引用にもございましたが、最も有力な説[9]によると、お釈迦さまが亡くなったのは、紀元前三八三年頃、そして、この『般若心経』ができあがったのは、お釈迦さまが亡くなってから、約六百年もあとということになります。

だから、般若心経はお釈迦さまの著書ではなく、まあ……お釈迦さまの教えを、その場で、すぐ、そのまま本にしたものもないわけですから、当然のことですが。

お釈迦さまのことば（教え）のことを金口《こんく》と言いますが、般若心経は、たしかにその金口そのものではないとしても、つまりは、そのことがもととなって、崇高なものとして尊ばれる思想となったと言えましょうね。

私　いま、おふたりがのべられたとおりですしまた、同じような、似たような内容ということになるかもしれませんが……。佐藤俊明著『心のお経』(10)の中では、つぎのように述べられています。

お釈迦さまが入滅されて四、五百年経過すると、初期仏教からいろいろの派に分れた部派仏教の時代となり、経・律・論の三蔵が成立するようになりました。

いろいろな派に分れた部派仏教では、それぞれ自派の依《よ》り所《どころ》とする三蔵の訓古的研究に没頭し、お釈迦さまの教えの枝葉末節にこだわるものが多くなりました。ここにおいて、経典の奥にひそむお釈迦さまの教実義を汲《く》み取って、仏教本来の姿に立還《たちかえ》り、新しい時代に即応することが大事だとする仏教革新運動が抬頭《たいとう》してまいりました。

部派仏教においては、出家僧、つまりプロの坊さんが自らに悟りを得ることが最高の目的なのですが、新しい仏教運動では、仏教を信奉するものに在家出家の区別はない、すべては仏の子であり誰しもが悟りを求める菩薩である。そこで、自分だけでなく共々に悟りの岸に到るべく、衆生済度の誓願を立てて種々の波羅蜜行《はらみつぎょう》の完成を期すべきである、というのであります。(11)

こうした従来の伝統的形式的な部派仏教を劣れる乗物(小乗)の教えとし、新しい仏教運動をすぐれた乗物(大乗)の教えとする革新的な大乗仏教運動が展開されたのであります。

この仏教革新運動は燎原《りょうげん》の火のごとく全インドにひろまり、その間、従来の伝承経典を超えて、仏の正法を開顕する新しい大乗経典が次々と創り出されたのであります。

こうして成立した大乗経典の中で、最初にあらわれ、大乗仏教の根幹となったものが『般若経』『法華経』などであります。(中略)

大乗経典がはじめてあらわれた時、小乗仏教の人々は、大乗は仏説[12]ではないと非難しました。しかし、大乗を信奉する人たちは、逆にこれこそ真の仏説であると強調しました。

大乗仏教経典はその後続々と創作され、それらのお経に中国の高僧の書いた仏教書が加えられて一切経が成立し、さらに大藏経と呼ばれるようになりました。

M とてもいい説明を、いまひとつあげてみたいと思います。それは、『禅の風』からの引用ですが……。その第16号中、特集「般若心経その歴史と解釈[13]」の中で、池田魯参先生は、つぎのように述べておられます。

『般若心経』がいつ頃できたのか、はっきりしたことはわかりません。大体、二～三世紀頃に成立したのであろうと推定されます。この時代はちょうど

「八宗の祖」と尊称されている龍樹《りゅうじゅ》（ナーガールジュナ、一五〇〜二五〇年頃生存）が活躍した時代に当ります。

龍樹は「根本中頌《こんぽんちゅうじゅ》」を著し、空の思想を確立した人として著名であり、「大品般若経」二十七巻を研究して「大智度論《だいちどろん》」百巻の著述を残しています。『般若心経』の教説内容や訳文は、鳩摩羅什《くまらじゅう》（クマラジーバー・三四四〜四一三年、または、三五〇〜四〇九）が訳出した「大品般若経」第一「習応品」（品は篇とか章の意）の経文とよく符合しますので、多分、これらの経論が成立する頃、『般若心経』も成立したものであろうと推定されるのです。

また、中国の古い「訳経目録」の中に、三国時代の呉の支謙が二二三年頃「摩訶般若波羅蜜経」一《ひとつ》を訳出したと伝えています。このお経は現存しませんが、題名からみて『般若心経』と推定されますので、もしそうあればこれが最初の翻訳ということになり、遅くともこれ以前に「般若心経」は成立していたと考えられます。

とあります。なお、このいつできたかと訳出したのは誰かということは、一連のこととしてみていくのがいいと思います……。つぎにすすみましょう。

（1）**重松昭春**『般若心経の真義』朱鷺《とき》書房・平成五年（一九九三）四四頁

いろいろと調べてみますと、般若心経の中には、たしかに大般若経と共通する内容がたくさんありますが、それは主として「空」に関する説明のところに見られます。他方、大般若経にもない内容は、主として「般若波羅蜜多」に関するところに見出されます。このことから、般若心経を大般若経の「空」の理法を要約したものとする通説の見解は、大般若経と般若心経の共通する内容に注目するあまり、般若心経の中で、大般若経にもない内容については、これを軽く見ていることがわかります。（中略）従って、般若心経が、大般若経にない「般若波羅蜜多」をたずさえて、大般若経を補足するものとしてこの世に登場した意義も、通説は看過してしまったのです。般若心経を、大般若経の「空」の精要を説くものであるというのでは、般若心経の存在意義は稀薄なものとなってしまいます。（以下、略）

（2）**金岡秀友**『NHK・こころをよむ・般若心経』昭和六十一年（一九八六）一一七頁

「心経」一経は、六百巻般若の粋要ともいい、（中略）さらに、その全経を十八字の陀羅尼に要約すれば、まさに、この陀羅尼こそ「心経」の象徴である。

（3）奈良康明『般若心経講義』東京書籍・平成十年（一九九八）三一～三二頁
「……般若経六百巻のエッセンス」ということで、くわしく説明されている。

（4）三田誠広『般若心経の謎を解く』ネスコ・平成十年（一九九八）一三九頁
……「大般若経」に、「般若心経」は含まれていないのです。なぜでしょうか。おそらく玄奘三蔵は、「般若心経」を特別のお経だと考えていたのです。大胆に言いきってしまえば、「大般若経」六百巻のすべてのエッセンスが、この短いお経に圧縮されている。

……(以下、略)

（5）阿部慈園『般若心経の本』学習研究社・平成九年（一九九七）二九頁
……般若心経の心（フリダヤ）には精髄という意味がありますから、般若心経は六〇〇巻もの「大般若経」の結晶であるということができます。

（6）同右書　二八～二九頁
いわゆるお経の成立について述べているところを本文中に引用させていただいている。

（7）同右書　二九頁
大乗仏教・紀元前後にインドに興った仏教の革新運動。釈尊の滅後、仏教僧は学問と瞑想に専心しがちになった。一般の信者をかえりみないこれらの僧の姿勢に不満を感じた革新的な僧たちは、自らを菩薩と称し、あらゆる人々を悟らせ、救済しようとした。
その、多くの人々を救おうとする慈悲の姿勢を、大きな乗物という意味で大乗という。

（8）同右書　二八頁で著者は、一般に「八万四千の経巻」……と言っておられるが、佐藤俊明『心のお経』書苑・昭和六十年（一九八五）二七頁では、「仏法の大海はまことに広大で、八万四千の法門、五千七百の経巻があるといわれます。」と述べている。

（9）**遠藤　誠**『般若心経』現代書館・昭和五十九年（一九八四）一三～一四頁で述べられていることの部分引用をもとにまとめている。

（10）**佐藤俊明**『心のお経』書苑・昭和六十年（一九八五）二二～二三頁　いわゆる「大乗経典」について説いていることのポイント（その一部）を本文中に引用。

（11）衆生済度（しゅじょうさいど）衆生を済度して彼岸に渡す事。（中村　元『仏教語大辞典』東京書籍）

（12）仏説（ぶっせつ）・仏のことば、必ずしも歴史的人物としての釈尊の説でなくともよい。（中村　元『仏教語大辞典』東京書籍）

（13）**曹洞宗宗務庁**『禅の風』第16号・平成九年（一九九七）三二頁『般若心経の歴史』中、一、『般若心経』の成立と漢訳の項で述べられていることから、その一部を本文中に引用。

第三節　般若心経は、誰がつくったか

R　このお経は、誰がつくったのか、つまり書いたのは誰かというと……、ひとことで言えば分らない[1]ということでしょう……ね。サンスクリット語の原典が残っているわけですから、インドで書かれたことには相違ないと思います。ただ、いま、多くの人々が唱えているお経は、三蔵法師玄奘《げんじょう》の翻訳であることは、承知のとおり……で。

この『般若心経』、経題をのぞくと二六二文字で、この文字を選んで訳されたことは、まさに、玄奘さんの慧眼《けいがん》[2]と評価されているそうですね。もちろん、いま、私は、中国語などがわかって申し上げているわけではありませんが……。

M　漢訳された『般若心経』は、つぎの七種[3]で、「大正大蔵経」第八巻に収められており、なお、三蔵法師玄奘が訳出したのは、唐・貞観《じょうがん》二十三年（六四九）

と言われていますね。

〔漢訳『心経』〕

①姚秦《ようしん》、鳩摩羅什《くまらじゅう》訳（四〇二〜四一三）『摩訶般若波羅蜜大明呪経《まかはんにゃはらみったみょうじゅきょう》』一巻

②唐、玄奘訳（六四九）『般若波羅蜜多心経』一巻

③唐、けいひん三蔵般若・利言《りごん》共訳『般若波羅蜜多心経』一巻

④唐、マカダ国三蔵法月《ほうげつ》訳（七三八）『普遍智藏般若波羅蜜多心経』一巻

⑤唐、智慧輪《ちえりん》訳『般若波羅蜜多心経』一巻

⑥敦煌《とんこう》出土、法成《ほうじょう》訳『般若波羅蜜多心経』一巻

⑦宋《そう》、施護《せご》訳『聖仏母般若波羅蜜多経』一巻

R　長い時間を費して、インドのお経を中国語に訳しているわけで、中でも四人、特にすぐれた訳者として、鳩摩羅什《くまらじゅう》・真諦《しんたい》・不空《ふくう》・玄奘《げんじょう》を指しており、四人中、中国人は、玄奘だけです。

この玄奘さんのことは、あとで、少々理解を深めましょう。

ところで、そもそものお経、つまり、仏の説《と》いた典籍の作者は、どなたとなると……。「経口仏説」「経に著者なし」(4)といわれるように、『経』としてかたちづくられた時点で、その衝《しょう》にあたった人、『経』をつくったひとの名前を付するのはおかしなことであると、考えられていたからだといわれていますね。

M　くりかえしのようになりますが、もう一度、大筋を念頭に置くとすれば……。そもそも、仏教が興《おこ》ったのは紀元前五世紀ごろ、いまからおよそ二千五百年前……。およそととらえるのは、開祖といわれる釈尊の生没年が正確にはわかっていないからで……。そして、釈尊入滅後、数百年を経て大乗仏教が誕生……。インドに生れた仏教が、中国に伝わったのは、紀元一世紀のこと。日本への伝来は、それより遅れることおよそ五百年、六世紀。玄奘の『般若心経』訳出は七世紀の中ごろ……。ちょっと前にもどりますが、「般若心経」は大乗仏教の経典ですから、その誕生は紀元前後と推定されているわけです。

また、玄奘がサンスクリット語から中国語へ翻訳する仕事は、当時の国家プロジェクトとしておこなわれたと言われていますね。

中国で完全な訳ができていたわけで、日本へ渡ってきても、そのまま、日本で「漢訳経典」としてひろまる……。まあ、その頃の日本の知識人たちは、中国語を読むことが容易にできたからだと思います。

R そんなわけで、誰がつくったのかという観点からは、大乗仏教を興して、それをすすめた人たちの中のどなたか、あるいは複数のかたであり、いま、最も多くに読まれている『般若心経』は、大乗の経典を玄奘が訳したものだということになりますね。

くわしくは、あとで、もう一度まとめてみましょう。

（1）三田誠広『般若心経の謎を解く』ネスコ・平成十年（一九九八）一四五頁
「……いったい誰が『般若心経』を書いたのでしょうか。わかりません。……」と言っている。

（2）慧眼（けいがん）物事の本質や裏面を見抜く、すぐれた眼力。（『国語辞典』・岩波書店）

（3）曹洞宗宗務庁『仏教読本・三』平成三年（一九九一）一六頁
現在漢訳されている「心経」は、七種（本文中にあげた）と述べている。
（4）金岡秀友『NHK・こころをよむ・般若心経』昭和六十一年（一九八六）九頁
……いわゆる、『経』の著者ということについて、本文引用のように説かれている。

第四節　般若心経のテーマと構成

M　テーマということで、みていこうとすると、この章の第一節「般若の智慧」と多少重複する点も出るのでは、と考えられますが……。

R　いいんじゃないですか。どのような組みたてでできているか、つまり、構成のことを概観しようとすると、どうしても、主題（テーマ）ということを念頭に置きたいわけで……。

M　『般若心経』の中には、大乗仏教のエッセンス（真髄）が凝集されていると言われているわけで、それは、『般若波羅蜜多心経』という経題そのものを解することによって、このお経の主題がわかるとも言われ、二百六十字程度の短い経典のなかに、深遠な仏教思想がどのように説かれているかが理解できるとされているわけですね。

R　そこで、経題の意味を解して、全体を把握できるということ……、そのとおりかもしれません。でも、まず、経典のポイントを頭に入れたいと思うんですが……。『般若心経の真義』(1)(重松昭春著)を紐解《ひもと》くと……、ここでは、紙幅の都合で、その第1章の小見出しのみあげますが……。

○「苦」を解決する智慧

○甚深微妙《じんじんみみょう》の智慧

○苦厄を度す

……と、三つの筋立てで述べておられますし、同著のその前のページ、プロローグのところでつぎのように、「無明からの目覚め」(2)を説いておられますね……。そこで、私なりに、その中から学ばせていただくと……。

般若心経を素直に読誦するとわかるのですが、般若心経はその教えをわからせることによって、究極的には自らを否定しています。それがまた、「空」をわかるということです。そのことによって私たちは、お経そのものにとらわれるのではなく、お経を生み出したこの世の理法そのものを、生きる姿勢を学ばされます。

こういう性格をもつ般若心経という仏教のひとつのテキストを、私が素直に受け入れるという象徴的行為を通して、般若心経や仏教から私自身が解放されるのです。（中略）

さて、物事が見えないことを仏教で「無明《むみょう》」といっています。「無明」というのは、明が無いこと、つまり直接的には闇を意味します。闇の中にいては周囲の様子もはっきりわかりません。それと同じように、自分が生かされている理法についても、その自分についても全く無知である

状態を意味します。（中略）

仏教では、この「無明」が、私たちの「苦」の原因になると説いています。「苦」というのは、私たちが思いのままに活動できるようであって、決して実は思いのままに活動できないことをいいます。私たちは、自分の心さえ思うままにできない存在です。物事にとらわれないといっても、無明であるためにとらわれざるを得ないのです。

仏教では、この「無明」を滅して「苦」を解消することが、まず第一のテーマでありました。（中略）

……そして、エピローグのいわばむすびのところで……、

般若心経に導かれた私の真実探求の旅は、同時に、自分を読むという自己探求の旅であり、また、その自分が生かされている場を読むという旅でもあ

りました。

……と。

M　著作の中で述べられていること、なかなかむずかしく、私にはよくわかるとは申せませんが、でも、さらに、読みかえしてみたいと思うあじな説き方ですね。

そこで、前述の「苦を解決する……」あるいは「苦厄……」の「苦」ですが、とかく、苦労、苦難、苦痛、苦行、苦悩……と頭に浮び、どうしても灰色のイメージ、苦しい、つらい感じになる……。

R　それもわかる。でも、この表現（言葉）のほんとうの理解ができれば、と、思うんですが。

M　いま、おっしゃったような理解とは言えませんけれど、まあ、これは方便

としてですが、「変転にめげず……」あるいは、「困難をのりこえ、のりきってい
く……」という認識、つまり、そういう場合、対応できるたくましい生活力とい
うか、または、当然、ベースに良識、良心があってですが、したたかな智慧……、
それが、変転、困難とどう向きあうか、対処していくか、であると、私はそんな
ふうに……。

R　現実の問題としては、そのとおりですね。私もみずからにそう言い聞かせ
たいし、方便としてはそんなふうにと思います。

M　苦労、苦痛はすくない方がいい、困難なことはない方がいい……。しかし、
世の中、思いどおりにいかないことがあって、あたりまえですから……。

また、そのような「苦」に耐えて、強く生きてゆこうというのも、決して間違
っていませんが、しかし、困難や変動による悩みを、あきらめに置きかえるとい
うことも、私は選びたくないですね。

R　ところで、さきほどの『般若心経の真義』の中で、著者は「甚深微妙《じんじんみみょう》の智

恵」[3]のことをつぎのように述べていますね。

「観自在菩薩、深般若波羅蜜多を行するとき、……」この「深《じん》」という言葉は「般若波羅蜜多」という智慧が、甚深微妙といわれるくらいに、すばらしい智慧だという意味です。

この甚深微妙という言葉は、開経偈といわれるお経の中に出てきます。

「無上甚深微妙の法は、百千万劫《ごう》遭遇し難《がた》し。我今見聞《けんもん》し、受持するを得たり。願わくば、如来の真実の義《ぎ》を解《と》きたまえ」

ということであります。

この意味は「無上甚深微妙の法といってもよいくらいに、仏陀の説かれるはなはだ奥深く、何ともいえないくらいに精妙ですばらしい教えは、百千万劫といわれるくらいの天文学的時間を経過する間に、私たちが何回生れかわったとしても、容易にはめぐり会うことのできないものです。そのような教えのすばらしさを、私は今、はっきりとこの目で見させていただき、この耳で聞かせていただくという有難《ありがた》い体験をさせていただきました。どうぞ、如来（仏陀）の、その本当の教えの内容をお教え下さいますように、お願い申し上げます」ということになります。

「般若波羅蜜多」は、仏陀の智慧ですから開経偈にいう「無上甚深微妙の法」です。滅多《めった》なことでは、なかなかめぐり会えないすばらしい智慧です。それを「深般若波羅蜜多」の「深《じん》」は、あらわしています。

ここで著者が説かれていることは、「甚深微妙の智慧」のことですね。

M　この「すばらしい智慧」とは、実際の場面でみると、①しっかりした大きな智慧、②中ぐらいのあたたかい智慧、そして、③日常的な日々の智慧……と、私は、自分でそう思っています。それで、①は、そうひんぱんにはないと思うし、②だって、時折りあるという程度でしょう。③は、やはり、時々刻々、なるべく適切な判断がいいわけで。でも、人生、いつも、したたかさ、たくましさだけでは……。やはり、ゆとり、思いやりがあって、人間関係うまくいくんでしょうね。

R　ずっと、現実的なことを話題にしてまいりましたが、まあ、ひとくちで言えば、この般若心経は、「空の思想」と「真言《しんごん》」であるとも言われますが……。その空も、ただ機械的に云々《うんぬん》するのではなく、もっと、いまの、智慧のはなしのように、なるほどと思うような理解を、と思いますね。

M　「空の思想」と「真言」と、おっしゃいましたが、ちょっと異なる説明もございますね。『般若心経の真義』(4)では、「空」についての教えは般若心経の一部にすぎない、との見解が……。

このお経には、通説のいう通り、大般若経における「空」の理法について、たしかに、その要約がのべられています。だからといって、般若心経が、「空」の理法について要約したお経であるということにはなりません。なぜならば、このお経は「空」についてだけのべているわけではないからです。「空」についてのべているところは、冒頭の二五文字の一節に続く次のくだりに見られます。

舎利子。色不異空。空不異色。……中略……

…… 無智亦無得。以無所得故。

この一一四文字が「空」についてのべているところです。経全体二六二文字の半分にも満たない割合、このことからみても、般若心経という経典の特質が、大般若経の説く「空」の精要をのべたものであるとは、言い難いことになるのではないでしょうか。（中略）

般若心経は、次のような構成になっています。

（1）主文　「観自在菩薩……度一切苦厄」（二五文字）

（2）主文の中の二つのキーワードについての説明文。

①五蘊皆空について

「舎利子。色不異空。……以無所得故」（一一四文字）

②般若波羅蜜多について

「菩提薩埵。依般若波羅蜜多故。……菩提　娑婆訶」（一一三文字）

以上で合計二六二文字になります。

つまり、般若心経は、「空」についての説明によって、「空」をわからせる経典として登場したのではなく、「空」を理解するための「般若波羅蜜多」について紹介することを主眼として登場したからです。

であればこそ、この経典では、「般若波羅蜜多」についての説明の方が、「空」についての説明よりも、より多くの文字数が割りあてられているのも当然ということができましょう。

R　また、『たれにもわかるハンニャ心経』(5)（上野陽一）で、著者が説かれるつぎのひとことはいかがでしょう……。

心経の眼目は、「万物空《くう》の理をサトルことによって、心にワダカマリがなくなり、一切の苦からぬけ出すことができる」という点にある。あとは全部これを明らかにするための方便として利用されたものである。

私　いまひとつ、〝呪文《じゅもん》として役立ってきた般若心経〟……と説く著作『般若心経を庶民の目で読む』（香川　勇）に、よると……。

◆　呪文として役立ってきた般若心経

去る年、テレビのスペシャル番組で、百数十年も昔に入定《にゅうじょう》(6)したままになっている即身仏を発掘する場面が放送されたことがあったが、塚の土がだんだん取り除かれていよいよ発掘者の手が棺に迫《せま》ろうとする時、まわりに立つ何十人という信者が、手に手に数珠《じゅず》を握りながら朗々と般若心経を合唱していた場面は非常に印象的であった。気の弱い人ならこんな時にうっかりすると暗示にかかって霊にとりつかれてしまうこともあるのだ。テレビを見ているだけでも何か背筋がぞくぞくしてきたが、こんな時の般若心経の朗々たる響きは何とも頼もしいものであった。不安・恐怖や暗示に抵抗できる現代の呪文といえば、この般若心経をおいてちょっと他に見あたらないのではないか。

そんなわけで般若心経は、その意味する教えよりも呪文のようにリズミカルに読誦《どくじゅ》されることで、庶民の生活の中にしっかりと根をおろしてきた。もちろんここで、般若心経がその教えではなく、呪文として尊ばれてきたことを嘆くつもりはない。経文の中にも「是大神呪是大明呪是無上呪《ぜだいじんしゅぜだいみょうしゅぜむじょうしゅ》……」とあるように、これはまさしく呪の経典なのである。

特に弘法大師の伝えられた真言宗《しんごんしゅう》の真言とはこの呪を意味し、密教の世界で特に般若心経が尊ばれるのもその呪のゆえんともいえよう。

多くの宗教の中で最も無神論的だといわれる釈迦仏教は、それだけ呪術性の希薄な宗教だった。それへの不満から、釈迦の死後数百年を経て興ってきた大乗仏教興隆の流れに乗って、呪術性を濃厚に持つ密教という新しい仏教が生れてきた。奈良時代の理論仏教にあきたらなかった最澄や空海も、その密教の中に衆生《しゅじょう》救済の道を求めて渡唐したのである。

今でこそ呪といえば迷信がかって受け取られやすいが、呪あるいは呪文というものは、深く信じる人の心の深層に進入して、不安を除き活力をもたらす効能を持つものであり、いちがいに非科学的なものとして排除さるべきものではない。

考えてみれば、我々近代人は高度な文明を築き上げてきたけれども、おのが心の深層（無意識層）に対する有効な制御《せいぎょ》手段をまだ手にしているとはいえないのである。

……とある。以上が呪についで述べられている一部ですが、私は、呪文によって、すべてが解決されるとか、それに、すばらしい絶対的な効能のようなものを肯定しようとする見解ではありません。

もちろん、そのことによって、或《あ》る場合には、限定的メリットのようなことが期待できることもあるかもしれないが、しかし、その或る場合のことを、いつでも再現できるとか、そのメリットを客観化することも可能かというと、それが無理なこともあると思います。

お経は、一般のかたがたの場合、日常の中で、しぜんに、あるいは、無心で唱えるのがいいと思うので、著しく現実ばなれのことは肯定したくありません。
M　ところで、このお経の構成ということになると、『般若心経の真義』からの引用の中でも出てきましたが、いくつかの見解がありますね。
R　このことについては、池田魯参先生がその著作『般若心経』(7)（講談社）の中で次のように述べています。

本書では、大きく四つの段落に区切って読むことを提案したい。

（一）「観自在菩薩」〜「亦復如是」

この一般の文では、観自在菩薩は何を心とし、どのような形姿の菩薩であるか。「五蘊皆空」という「般若波羅蜜多」の内容は何か。空《くう》の理解が大問題であろう。

（二）「舎利子是諸法空相」〜「以無所得故」

ここでは、「諸法空相《しょほうくうそう》」とはどのようなありようであるのか。迷いとさとりの構造や、ブッダの根本教説は何を教えているのか。これらの問題が、十二処《しょ》・十八界《かい》・十二縁起《えんぎ》・四諦説などの教説の理解と合わせ究明されなければならないだろう。

（三）「菩提薩埵」〜「得阿耨多羅三藐三菩提」

ここでは「究竟涅槃《くぎょうねはん》」とはどのようなことか。三世《さんぜ》の諸仏諸菩薩の願行《がんぎょう》（祈りと実践）は何か、が問題になろう。

（四）「故知般若波羅蜜多」～「般若心経」

ここでは、般若波羅蜜多の「呪《じゅ》」とは何か、が問題となるだろう。

（1）**重松昭春**『般若心経の真義』朱鷺書房・平成五年（一九九三）二六～三四頁
「第一章　般若心経の主題と構成」で述べられていることの要旨を本文中に引用。

（2）同右書　二一～二四頁
「私たちは無明の存在である。」と「無明からの目覚め」のところで説かれていることを、本文中に、一部引用。

（3）同右書　二九～三二頁
「甚深微妙の智慧」について。著者（重松先生）が説かれるポイントを学ばせていただいている。

（4）同右書　三六～三八頁
〝「空」についての教えは般若心経の一部にすぎない〟と、説かれるところ、学ばせていただいて（一部引用）いる。

（5）**上野陽一**『たれにもわかるハンニャ心経』大法輪閣・昭和五十五年（一九八〇）四五頁
『心経の根本主意をとらえる』のところで、「心経の眼目」について述べられている。

（6）『入定（にゅうじょう）』聖者が死ぬこと。（『国語辞典』・岩波書店）
（7）**池田魯参**『般若心経』講談社・平成十二年（二〇〇〇）五九〜六〇頁
「心経」をどう区切って読むか……『般若心経』の構成について述べておられるところを、学ばせていただいている。（一部引用）

第五節　般若心経の原典と翻訳

M　般若心経は、釈尊の直接の言葉（金口《こんく》）ではないこと、すでにみてきたとおりですが、しかし、このお経は、釈尊の思想の核心を、ものすごくコンパクトなかたちで表現したものであり、それをまとめたのは、大乗仏教を興したひとたちであること、これまでたどってきたとおりで……。

R　つまり、端的に言うならば、般若心経の原典は大乗仏教の中でつくられたということになりますね。

M　そこで、このお経の訳者ということになりますが、いま、訳本は残っていないけれど、最も古いものは、呉の支謙の訳というのがあるということ、すでに五四頁でふれたとおりです。

R　現存する最も古い訳は、羅什《らじゅう》訳『摩訶般若波羅蜜大明呪経』（四〇二～四一三）です。(1)

しかし、池田魯参先生の『般若心経』（講談社）によると、『出三蔵記集《しゅつさんぞうきしゅう》』（最古の経録）には、羅什が翻訳した経典中にこの経名を記していないので、羅什訳を疑う学者もいる。……とあります。

羅什訳は比較してみればわかるように玄奘《げんじょう》訳より少し長文です。「如是我聞」などの文はなく、玄奘訳とほぼ構成や内容が一致します。

つぎが玄奘訳『般若波羅蜜多心経』（六四九）ですが、今日、最も広く読誦されている経本がこれです。

M　ほかに、五種あるが、その訳本は五八、五九頁にあげているとおりですね。

この節で、原典と翻訳のことをみていこうとするには、福井文雅先生の

『般若心経の総合的研究』[2]（春秋社）から学びたいですね。

それで、要点を見ていくということもむずかしいので、この節に関連のところを、著作の「総序」から所要の部分をあげてみたいと思うんですが……。

漢字文化圏の世界で、一番信仰を集めてきた仏典はどれか？　と問われたならば、般若心経だと答えて過言ではないであろう。その理由としては次の幾つかを挙げることができよう。

第一には、般若心経は災難から救ってくれると昔から信じられていたし、また現在でも信じられている経典だからである。それが証拠に、経文は「あらゆる苦悩、災害をとり除く（度一切苦厄）」の文から始まっている。

しかし、般若心経のインドの原文にはこの「度一切苦厄」に相当する原文はない。般若心経はインドの言葉（サンスクリット）で説かれた経文であるが、インドの原文にはこの文は無く、七世紀に漢文に翻訳された時に、玄奘か他の誰かによって書き込まれた文章なのである。ただし、全体は理論から見ればその挿入は決して間違いではなく、それどころか、現世利益《りやく》という般若心経の目的に誠にふさわしい挿入句であった。だからこそ、般若心経は漢字文化圏の人々に今日まで長く愛されてきたとさえ言える。

経文の最後も始めと同じように、「あらゆる苦しみをとり除く（能除一切苦）」働きがあるという呪文で終っている。その呪文は「羯諦（ギャテイ）、羯諦」で始まる有名な呪であり、これを唱えさえすれば、あらゆる苦難から逃れられると言うのである。この呪文もまた、般若心経が人々の心を捉えた文であった。

つまり、始めから終りまで、この経文を唱えればあらゆる苦悩が消滅する、と説くのが般若心経である。

経文の全体を始から順次に読んで行けば、このような般若心経の目的は誰にでも判ってくる。そこで、般若心経の経文自体を呪文のように尊崇し、或いは読誦すれば災難から救助される、という信仰が、般若心経の中国伝来以来、中国人社会に伝わっていた。

また仏典の呪文には一語一語の傍らに、呪文であることを示す横線を一々付ける場合があるが、般若心経の敦煌写本にもそうした例が残っている。これもまた、般若心経の経文自体を呪文のように尊崇していた実例である。

注意すべきは、漢土へ般若心経が伝来した三世記には般若心経は仏典とは必ずしも見なされていなかったことである。呪文の言葉として扱われていた。何故ならば、①般若心経はインドでは経典扱いではなく、害虫・毒蛇などをよける呪文（ｓｐｅｌｌ）に過ぎなかったからである。中国や日本で付けた般若心経の註や哲学的意味付けは拡大解釈に過ぎず、般若心経の本来の目的とは全く無縁であった。②インドでは、般若心経には「経」（sutra）の字は付いていなかったのである。現在残っているインド写本にｓｕｔｒａ（経）の文字が付いた例は一点も見つかっていない。原語では「般若心」でしかなかった経題に、漢人の誰かが、多分権威を付与するために、或いは仏典に格上げするために、後から「経」の字を付けたのであろう。

③中国の僧侶も、般若心経が到来した頃はその事は承知していた。だから、般若心経は最初は仏典扱いされていなかったのである。中国の仏典分類法では、仏典は序文（序）・正宗分（本文）・流通文（結論）の三部分から構成されているものである。ところが、般若心経には正宗分しかない。つまり、本文だけあって、序と結論とはない経典なのである。だから、漢訳された最初の頃は仏典扱いされていなかった。（中略）

それが証拠に、般若心（経）は三世紀には中国に入っていた記録はあるものの、仏典として尊崇されるようになるのは四百年も経ったずっと後で、七世紀に玄奘訳が出てからのことであった。（中略）

このように般若心経は、インドから漢土に入っても、教説ではなく現世利《り》益《やく》の呪文として信仰されていた。何回か漢訳されたのであるが、題名はいつ

も「〜〜呪（経）」で終っていたことがそれを物語る。（中略）

ところが、六四九年に玄奘訳が『般若波羅蜜多心経』という新しい訳名で拡がるにつれて、般若心経に対して違う解釈が出るようになった。（中略）玄奘は漢訳に際して、「呪」の代りに直訳の「心」の字を当てたのであった。

呪を心と直訳したことから、般若心経を哲学書のように見なす、中・日のいわば誤解が始まったと言える。般若心経は苦悩や災難を避けてくれる、霊験あらたかな有難い現世利益《りやく》の「呪」で最初はあったにも拘わらず、中国に移って七世紀以後になると、仏教哲学の〝心〟、つまり仏教の「中心」経典として解釈されるようになっていくが、この解釈はフリダヤを「心」と直訳したことに原因があった。

その上、この「心」の字に、漢人は次第に漢字固有の様々な説や思いをこめたり、解釈を付け加えるようになった。日本でも同様であり、解釈は解釈を産み、インド伝来の般若心経には全く無縁の、中国的や日本的な教説が氾大な量で形成されるまでに到ったのである。

般若心経と言えば、前半に出てくる「空」（くう）という語がこの経の中心である、としばしば言われる。そのような解釈は、玄奘三蔵の一門から発した一つの解釈であった。般若心経の本質からはずれた解釈であったが、その解釈は日本や中国周辺諸国にも伝わり、禅宗はじめ多くの宗派に取り上げられ、広く流布するようになっていく。

このように、般若心経は漢字文化圏を中国、日本と経るうちに、インドの原義とはかなり離れた意義を付与され、中心を外れた解釈で読まれるようになってさえいった。

（1）池田魯参『般若心経』講談社・平成十二年（二〇〇〇）一九八～一九九頁
漢訳『心経』について述べておられるところから、本文中に一部学ばせて（引用）いただいている。

（2）福井文雅『般若心経の総合的研究―歴史・社会・資料―』春秋社・平成十二年（二〇〇〇）総序（i～iv）

原典と翻訳についてわかろうとするには、著者（福井先生）の説かれるところによって、とても、よく理解できる。

第六節　道元の『般若心経』解釈の独創性

R　この章では、「般若心経を観る」ということで、いくつかの観点から話し合ってまいりましたが、端的にまとめることは、なかなか至難なことですね。

M　多くの著作に目を通すと、なおそう感じられますね。いかがですか……。

私　おっしゃるとおりですね。でも、これまでみてきたことの集約とまではいかなくとも、ある程度のところをまとめてみませんか……。

R　そうですね。『禅の風』第16号[1]の特集、池田魯参先生の著述からポイントを学ぶということは、どうでしょうか……。

M　それは、いいと思います。道元さんの般若心経解釈の独創性ということで、ですね。

道元の『正法眼藏』「摩訶般若波羅蜜」の巻が、我が国の禅宗における最初の『般若心経』の研究であり、仮名書きの注釈書の最初である。巻頭の文は「観自在菩薩《かんじざいぼさつ》の行深《ぎょうじん》般若波羅蜜多時は渾身の照見五蘊皆空なり」と書き始めていますので、この巻が紛《まぎ》れもなく玄奘訳『般若心経』をどう読んだらいいか、道元の素直な考えを示す巻であることが知られます。道元は「般若心経」は「大般若六百巻」の精髄を表しているという一般的な考え方を認めていたようです。

そのことは玄奘訳『大般若経』「著不著相品《じゃくふじゃく》」や「讃般若品」の経文を引用して自分の考えを展開していることからも知られます。あくまでも、『般若心経』は大乗仏教思想の根幹である空のことわりを示す経典であるとみなしたためでしょう。その点で、空海が最後の蜜呪に重点をおいて『般若心経』を密教経典とみなした読み方とは異なっているといえます。

たとえば空海の『秘鍵』では、「是大神呪、是大明呪、是無上呪、是無等等呪」の四句の経文を、それぞれ声聞乗・縁覚乗・大乗・秘密乗という四種の意味に配当し、秘密乗の優位を強調しているのですが、道元はこういう解釈を捨てています。そのことは従来も一般に認められて来たようですが、『般若心経』を前半の空の説と、後半の密呪の説とに分けて、いずれに『般若心経』の真意があるかと問う、そういう読み方とも訣別したということです。（中略）

道元の解釈は「般若心経」の空と密呪の内容を一貫した意味でとらえ、したがってお経の前半と後半は別のことをいっているのではなく、一貫して般若（智慧）とは何かを明かにしているのであるというのです。道元の立場からみますと、これまでの空か密呪かという二者択一的な『般若心経』の読み方は大いに反省を要することがわかります。

また、『般若心経』には、無の字が二十一回、不の字が九回、空の字が七回使われていて、合わせますと三十七回も否定的な表現が表れています。

『般若心経』を理解しようとするとき誰もがこれらの語句の解釈にてこずるのですが、道元はこれらの文字を単なる否定的意味では読んでいません。

（中略）

『般若心経』が無や不の語で、あれもない、これもないと示し、ないない尽くしの表現で私たちに語りかけているのは、そういうとらわれのない空の世界に生きなければいけないということを勧めているのである、と道元はいいたいのです。いかなるものによっても限定されることがない、どんなに努力しても努力したということにかまけたり、濁れてしまうことがない、そういう虚空大の人生を生きてみよ、いつでもどこでもみんな一緒にいきいきと生きていかなければいけない、というのです。『般若心経』はそう私たちを励ましてやみません。（『禅の風』第16号より引用）

（1）曹洞宗宗務庁『禅の風』第16号・平成九年（一九九七）四三頁

この著書のいわば、まとめ的なものとして、「道元の解釈の独創性」ということを学ばせていただいている。（一部引用）

第二部　『般若心経』逐句解釈考

経の、ひとつひとつのことばについて、なるべく標準的な理解を得たいと思う。
そこで、逐句的にみていくこととする。
右のページに逐句を、左で、その理解を、というふうにすすめたい。

（経題）

摩訶般若波羅蜜多心経《まかはんにゃはらみったしんぎょう》

「摩訶」には、大、多、勝の三義があるといわれる。

「般若」は、真実の智慧。さらに、仏の智慧と解されている。

「波羅蜜」、彼岸に至るための修行。あるいは真実に目覚める。

「心経」は、真髄となる教え。中心となる教え。そして、要（かなめ）の教えと解されている。


よく言う「こころの豊かさ」とは、こころの人格的向上のことを指していると思う。こころのありよう（または、こころの持ち方）のたいせつさを説いているのが、この『般若心経』かもしれない。

観《かん》自《じ》在《ざい》菩《ぼ》薩《さつ》
行《ぎょう》深《じん》般《はん》若《にゃ》波《は》羅《ら》蜜《みっ》多《た》時《じ》
照《しょう》見《けん》五《ご》蘊《おん》皆《かい》空《くう》
度《ど》一《いっ》切《さい》苦《く》厄《やく》

「観自在菩薩」とは、観世音菩薩（観音さま）のこと。また、釈尊の金口《こんく》を、このような筋だてにしたのだ、と説く著作もある。

「行」……修行。「深」……甚深、徹底すること。「時」……～をしたとき。

「照見」……真実の相が見えること。仏の悟り。

「五蘊」……色・受・想・行・識の五つのものが集積されてでき上がった心身のこと。

「皆空」……実態のないもの。虚妄なること。

「一切」……すべてのもの。

「苦厄」……苦労や災い。

「度」……救う。

舎利子
しゃりし

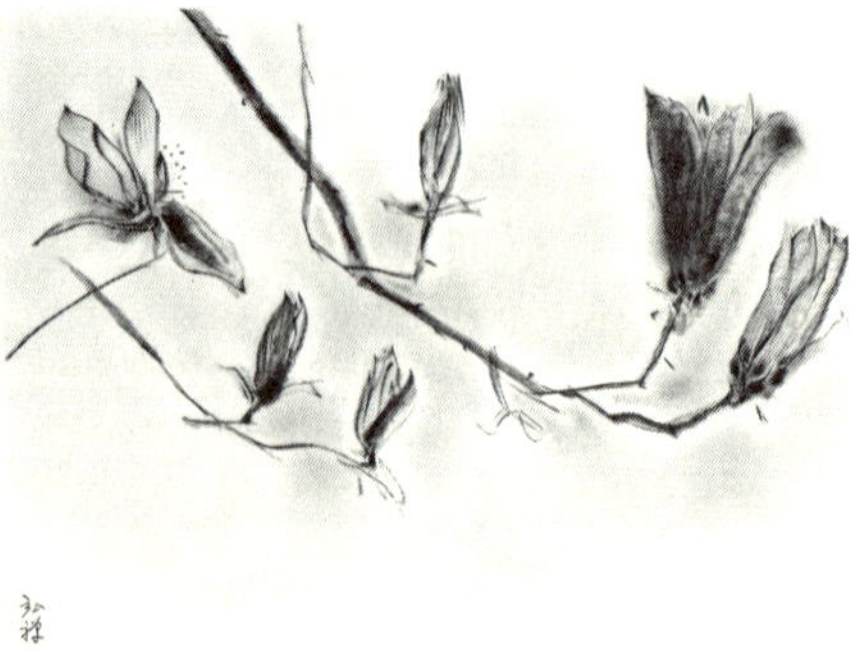

「舎利子（しゃりし）」

お釈迦さまの弟子のひとり。智慧第一の人。

サンスクリット語で、「舎利子」は「シャーリプトラ」、玄奘三蔵は、「シャーリ」を「舎利」と音で写し、「プトラ」は「息子」を意味するので、「子」と訳している。

全体を音写した「舎利弗（しゃりほつ）」という訳語もあるが、同じことである。

舎利子は、お釈迦さまの実子（ラーフラ）が出家したのちの教育係（息子を指導する）であったともいわれている。

色《しき》不《ふ》異《い》空《くう》
空《くう》不《ふ》異《い》色《しき》

いろかたちのあるものは、みな流動的、ということである。

「色」……人間のからだを含めて、一切の物体や存在。

「空」……何もとらえるべきものがないこと。欲を離れること。

「空不異色」は、「空は色に異ならず」なわけだから、「空即是色」ということにもなる。


世の中、存在するものは、いつまでも、そのままでいることはない。ほとんどのものは、つねに変化し、また、発展するものもある。このようなことを諸行無常という。

色《しき》即《そく》是《ぜ》空《くう》
空《くう》即《そく》是《ぜ》色《しき》

「色即是空」……色はすなわちこれ空なり。

「空」のことを、前項で、「何もとらえるべきものがないこと」と述べたが、この「空」のことを、いわゆる空《から》っぽではなく、宇宙のこと、あるいは、「空（そら）」……自然の空《そら》のようなものと思っていい……と、説く方もいる。

その「空《そら》」は、すべてを見ている、すべてを受けとめている。そして変化の連続なわけであるから……。まあ、なるほど、と思う方便である。

なお、「即」は、「すなわち、そうである」。

「是」は、「同じである」の意味。

「空」の見地にたてば、人生に、また、味が出るのかもしれない。

生涯という時間は、大自然の「空《そら》」と同様に、いろいろな変化、つまり、移り変りがあって当然ということになるのであろう。

受想行識《じゅそうぎょうしき》
亦復如是《やくぶにょぜ》

「受想行識」とは、人間の精神で、「感受」「表象」「意思」「認識」で、それぞれの作用を指す。
「亦復（やくぶ）」……「これ」「また」の意。
「如是（にょぜ）」……「かくのごとし」

（引用）

人間は自分の体を自分のものだと思っていますが、自分の呼吸も食欲も、自分の意志で動かすことができません。そう考えると、この世にたったひとりしかいない自分の、たった一度しかない人生を、値打ちのあるように生かさなかったら、人間に生まれてきたかいがないではありませんか。

（大栗道栄『はじめての般若心経』四八〜四九頁）

舎利子《しゃりし》
是《ぜ》諸法空相《しょほうくうそう》
不生不滅《ふしょうふめつ》
不垢不浄《ふくふじょう》
不増不減《ふぞうふげん》

「舎利子」……これは、前に述べたとおりであるが、釈尊の弟子たちのすべてを指していると、説かれる方もあるし、ひいては、「心経」を聞く、私たちのことを言っている著述もある。

「諸法」……有形無形真偽を問わずあらゆるものを法という。

したがって、ここの意味は、「わが弟子よ、諸法を空相とみれば、一切の苦厄をこえられるものである」ということになる。

「生」……ものごとが新しく生まれる。　「垢《く》」……不浄なもの。

「増」……増すこと。　「不」……この場合、変らないことを意味する。

「滅」……生まれたものは滅びる。　「浄」……清らかなもの。

「減」……減ること。

従って、「生ぜず滅せず垢《あか》つかず浄らかならず増さず減らず。」という意味。

是《ぜ》故《こ》空中《くうちゅう》
無《む》色《しき》無《む》受《じゅ》想《そう》行《ぎょう》識《しき》
無《む》眼《げん》耳《に》鼻《び》舌《ぜっ》身《しん》意《に》
無《む》色《しき》声《しょう》香《こう》味《み》触《そく》法《ほう》
無《む》眼界《げんかい》乃至《ないし》無《む》意《い》識界《しきかい》

右の意味のおおよそは……

人間とは、どういうものか、分類して考えているわけで、①感覚器官のことを「根《こん》」と、（眼《げん》・耳《に》・鼻《び》・舌《ぜつ》・身《しん》体・意《い（に）》識の器官）②感覚や知覚などの対象のことを「境《きょう》」と、（色《しき》・声《しょう》・香《こう》・味《み》・触《そく》・法《ほう》）、色境は、色合いや形《かたち》のある対象のこと、また、法境は、人の想いや夢や希望など、いわゆる意識の対象。このように感覚器官とその対象、そして、③心のはたらきのことを「識」と。

この六根と六境とがふれあうとき、そこには、眼識《げんしき》・耳識《にしき》・鼻識《びしき》・舌識《ぜつしき》・身《しん》識《しき》・意識《いしき》という→「六識」、知覚し認識された状態が成り立つとされる。六根・六境・六識を総称して「十八界《かい》」という。

そして、ないないづくしではあるが、「人間とはこういうものだ」と説き、「人間いかにあるべき」と、ふりかえってみるには、まず、「さっぱり感覚」が原点と言っているのでしょうか……。

無《む》無《む》明《みょう》
亦《やく》無《む》無《む》明《みょう》尽《じん》
乃《ない》至《し》無《む》老《ろう》死《し》
亦《やく》無《む》老《ろう》死《し》尽《じん》

ときには、人間、どうにも抑制できない迷える自己を自覚することも、必要なことと思う。

でも、いま、ここで、「十二縁起」や「四諦《したい》」のことについて、くわしく勉強することはせず、あらためて考えてみることとする。

「無明」……人間の過去世における無智や迷いや苦悩。したがって「無無明」は、無明もなくということになる。

「亦・無」……「また」・「でない」の意。

「老・死」……齢（よわい）を重ねて・死の苦悩のこと。


ここの解釈は、前段にひきつづき……。

「また、無智迷妄《めいもう》が消えることもない。また、老いと死の苦しみもない……」ということになる。

そして、「また、老死の尽きることもない」という意味と思われる。

無《む》苦《く》集《しゅう》滅《めつ》道《どう》
無《む》智《ち》亦《やく》無《む》得《とく》

無、苦集滅道のこと……。

「苦」……苦にたいする真理（苦諦《くたい》）

「集」……原因にたいする真理（集諦《じったい》）

「滅」……原因の消滅にたいする真理（滅諦《めったい》）

「道」……実践にたいする真理（道諦《どうたい》）

釈尊は悟《さと》りを開いたのちに、はじめての説法でこの四つの真理を説いたといわれますが、般若心経は、いわば、直訳的に読むと、その真理もない……となるが、そこで、「無智」の「智」は、般若（智慧）と同じ意味ではなく、知るという人間の思索《しさく》の働きなわけですし、「得」は、そのことによって得られるものということになる。

般若心経は、それもないと言う。しかし、これはこのように単純に解するのではなく、そのようなことに拘束されるな、あるいは、拘泥することによって、むしろ困る場合も、あると、そんなふうに説く著述もある。

以《い》無《む》所《しょ》得《とく》故《こ》
菩《ぼ》提《だい》薩《さっ》埵《た》
依《え》般《はん》若《にゃ》波《は》羅《ら》蜜《みっ》多《た》故《こ》
心《しん》無《む》罣《けい》礙《げ》
無《む》罣《けい》礙《げ》故《こ》
無《む》有《う》恐《く》怖《ふ》
遠《おん》離《り》一《いっ》切《さい》顛《てん》倒《どう》夢《む》想《そう》
究《く》竟《ぎょう》涅《ね》槃《はん》

「以無所得故」……「ところなきを以て」

「菩提」……「悟り」　「薩埵（さった）」……生命。

「般若」……真実の智慧。

「波羅蜜多」……彼岸へ到達するための修行。

「心」……人の心。　「罣礙（けいげ）」……「わだかまり」

「恐怖（くふ）」……「おそれおののく」

「遠離（おんり）」……「遠く離れる」

「一切」……すべて。

「顛倒夢想（てんどうむそう）」……逆の考えや夢の如き妄想。

「究竟（くぎょう）」……「徹底して追求する」

「涅槃（ねはん）」……ニィヴァーナの音写語で燃え盛る火をふき消すこと。これが転じて「すべての迷いを脱した平安な心の状態」。つまり、迷いのない安らぎの境地への到達である。

三《さん》世《ぜ》諸《しょ》仏《ぶつ》
依《え》般《はん》若《にゃ》波《は》羅《ら》蜜《みっ》多《た》故《こ》
得《とく》阿《あ》耨《のく》多《た》羅《ら》三《さん》藐《みゃく》三《さん》菩《ぼ》提《だい》

右の経文の理解としては……。

「三世の仏さまが在しますから、真実の智慧と、この上ない正しい悟りを得るための修行に勤《いそ》しんでいくことによって、現在の諸仏（私たちみんな）も、さらに、未来の諸仏（これからのひとたち）も、みな悟りの域（より望ましい生き方を日常のものとすること……）に到達できるであろう……」という意と解したい。

つまり、ここで言う「諸仏」とは、もともと神秘的な超能力のある、人間とはかけはなられたひとたちということではなく、いわば、「悟《さと》った人」と解していいと思う。また、これまでも、悟った人は多数、無数存在したということであり、どんな時代にも、いまも、これからも、人間は悟ることができるんだという意味でもある。

なお、阿耨多羅三藐三菩提はサンスクリット語を漢字で音写したものであり、「この上ない、正しく平等な目ざめ」の意である。（『般若心経』岩波書店、三五頁）

「三世」……過去・現在・未来。

「波羅蜜多」……理想の彼岸に至るための実践修行。

故《こ》知《ち》般若《はんにゃ》波《は》羅《ら》蜜《み》多《った》
是《ぜ》大《だい》神《じん》呪《しゅ》
是《ぜ》大《だい》明《みょう》呪《しゅ》
是《ぜ》無《む》上《じょう》呪《しゅ》
是《ぜ》無《む》等《とう》等《どう》呪《しゅ》
能《のう》除《じょ》一《いっ》切《さい》苦《く》
真《しん》実《じつ》不《ふ》虚《こ》
故《こ》説《せつ》般若《はんにゃ》波《は》羅《ら》蜜《み》多《った》呪《しゅ》

「故・知」……「故に・知るべし」の意。

……したがって、般若（真実の智慧）は、偉大な力であり、日常、それをもとに実践することによって、よりよい生き方の境地に到達することが可能なのである。……と解していいと思う。

「呪」……悪法をさえぎり、善を守る言句。

「大神呪」……般若波羅蜜多を称《たた》えたもの。

「無上呪」……他に較べものがない最上の言葉。

「無等等呪」……無上を更に賛嘆した「無比」という真言。

「能除一切苦真実不虚」……「すべての苦しみを消滅させてくれる、それは真実にして虚（そらごと）ではない」……という意。

「故・説」……「ゆえに説くわけで」の意であり、したがって、ここのところは……「そこで般若波羅蜜多の真言を説く、即ち、これが真言である」……となり、つぎに続く。

即《そく》説《せつ》呪《しゅ》曰《わっ》
羯諦《ぎゃてい》
羯諦《ぎゃてい》
波羅《はら》羯諦《ぎゃてい》
波羅《はら》僧《そう》羯諦《ぎゃてい》
菩《ぼ》提《じ》薩《そ》婆《わ》訶《か》
般若《はんにゃ》心経《しんぎょう》

「真言」とはどういうものか、そのことを説明するのは大変むずかしい。なお、「真言」は「まじない」とは異なることは言うまでもない。

「まじない」は、いわば荒唐無稽《こうとうむけい》なものである。

「即説呪曰」……「即ち呪でいわく」

「羯諦羯諦」……原語を漢字で音写したもの、「行こう、行こう」の意、と説いているのが多い。

「波羅羯諦」……真実の世界へ行こうの意味。

「波羅僧羯諦」……みんなで、共に、の意味。

「菩提」……正覚。仏の悟りのこと。

「薩婆訶」……成就《じょうじゅ》すること。

仏教という宗教の究極的な目的は、悟りの状態への到達……。悟りの、その一面は、平常心をしっかり保持していけるその人の人格であろうと思うが、口で言うは容易であるけれど、現実の時々刻々にあっては、観念と実際は一致しない場合もある。まあ、それをめざして誠実に、徐々に積み上げていくことでいいのかもしれない。

第三部　『般若心経』を語る

第一章　概観

「ひと」に般若心経のことをどう語るか……

M　誰かに、般若心経のことをどういう「お経」……と問われたら、どのように説明するのがいいでしょうか。

R　それがなかなかむずかしいですね。それで、まず、もう一度、初期化して、とでも申しましょうか、ひとことで、仏教とは、こんなものということを念頭に置くことはいかがでしょうか……。

私　いま一度、そのようにポイントを念頭に置くことは、とてもいいことだと思います。

M　これまでもございましたが、仏教は、お釈迦さまが二千五百年前につくった宗教なわけで、お釈迦さまは、インドのガンジス川流域部の都市にそれを広めており、なくなられてからは、弟子たちがその考えを受け継いで、熱心に仏教の布教につとめている。しかし、それも歳月がたつにつれて解釈に大きな違いが出てくる。

そこで、当時の仏教徒たちは、全国の指導者会議を開いて、いくつかあった考え方を一本化しようとしたものの、議論が百出、かえってこの会議が仇《あだ》となって仏教教団は真っ二つに分かれてしまうこととなる。

このようなことがあって、各派がてんでに自説を主張しあって分裂を重ねており、仏教はだんだんと専門化して一般の人にはなじみが希薄なものとなっていく……。そこで、普通の人にもよくわかり、実生活のためにもなる新しい仏教が創作される……いわゆる「大乗仏教」……この新仏教を布教するために多くの本が世に出る、「般若心経」もそのなかの一冊（一種）なわけですね。

私　そのとおりです。

R　そこで、いまの話のつづきですが、いわゆる「仏教とは、その目的は何か……」となると、これまた大変ですが、『仏教読本』（曹洞宗教学部発行、三一一二五～一二六頁）の「菩薩のこころ」という項目のところを見ると、つぎのように説明していますね。

仏教の目的は、仏の同じこころをさとり、仏になることである。そして終局の理想は、誰でもが、このような般若（智慧）をさとり、慈悲の心をおこすように願って、日常生活を営むことである。つまり「皆共成仏道《かいぐじょうぶつどう》」が仏教の理想である。

また、観音さんのことについてはつぎのように説明しています。

観自在菩薩は、観世音菩薩ともいい、普通には、観音《かんのん》さまと呼んでいる。

観音さまは、仏さまと同じ深い智慧をさとり、大きな慈悲のこころをもって、多くの人びとの苦しみを救い、利益《りやく》を与えるのに、日夜こころをくだき努力をおしまない方である。

菩薩《ぼさつ》はこのように、自分の修養と人びとの幸せのために努《つと》めるものをいうのであるが、このような誓願(1)をおこし精進すれば、誰でも菩薩と呼ぶことができる。つまり、誰でも観音さまになれるし、仏さまになれるのである。

このように、観音さまは、幻《まぼろし》の仏ではなく、理想の仏である。そのため、六度《ろくど》(2)といわれる菩薩の行《ぎょう》を実践し、その生活が、自然に、意のままに行われるようつとめるのが、菩薩道《ぼさつどう》を歩む、仏教の日常生活である。

M　それでは、つれづれなるままに、いわばいくつかの話をつなぐかたちで、すすめてまいりましょう……。

そしてこの章の最後に、般若心経とは、を話し合ってみてはいかがですか……。

R　それでいいですね。ところで、もし、お釈迦さまが直接、『般若心経』を書いていたら、こんなに難《むずか》しくはしなかったかもしれない……と述べているのを、いくつか見かけますね。

M　なん冊かに、そのような著述がありますね。でも般若心経がつくられた当時、仏教学者の方々の大変な努力があってできたんでしょうね。

R　経をつくった人たちは、欲望なしに人間生きられぬことは、言うまでもないことと、重々わかっている。わかっていて、欲望を捨てるべきだと言う。

M　それは、度を越した欲望を慎《つつし》むことが賢明だということじゃないでしょうか。

R　それは、そのとおりです。でも、感覚器官で受けた情報を大脳で処理し、食べたいとか、そのほかの欲望が生ずる。

感覚器官から伝えられた情報を処理するのが大脳の働きであり、そこにある判断材料を駆使して受けとめた情報を分析する。しかし、この機能があまりにも欲まみれ状態では、そこから出てくる判断もしぜんと執着心にとりつかれたものとなる。

M　そこで、般若心経は、判断のもととなる資料を無欲なものにきりかえるのがいいと言うわけですね。

R　でも、単純に無欲と言うよりは、さきほどの、度を越さない的なところで、いい場合もあると思いますが、いかがでしょうか……。

私　基本は無欲に近いのが望ましい。つまり、執着心に満ちたものにならないことでしょうね。

「空」とは

R　そこで、この章の眼目……般若心経概観ということになると、先にも触れていますけれど（第一部・第二章・第四節）、いま一度、「空」について、ちょっと話しあってみませんか……。

M　いろいろな説き方、とらえ方があってなかなか難しいですね。

R　そうです。でも、いくつかの著作に目を通して、それを読みながら……。

M　そうですね。

R　いわば、「空」の要諦[3]を述べておられる池田魯参先生の『般若心経』[4]によると……。

空は、シューニャの訳で、無とも訳す。原義には「何もない状態」とか「からっぽ」という意もあるが、『般若心経』の「空」は、決してニヒリズムや虚無主義を主張しようとするものではない。この点はしっかり銘記されたい。

より適切な表現を探すなら、シューニャはインド数学で発見されたゼロ（零）の意味に近い。ゼロは単なる無ではない。ゼロの発見によって数学は高度の発展をとげることができたのである。いわばゼロは、あらゆるものを成立させ消滅させる原点である。まさしくゼロは、ゼロ・サム・クリエイティブ（Zero Some Creative）とでもいうべきで、ものごとを成立させる原点の意なのである。

すなわち、空の語は、そのものが固定して単一で存在するものは何もないということを示す。世界は、物と心が関係し合い、そのような関係性の中で互いに相対化しているのであって、現象しているものごとはいかなるものもそれ自体に固有な実体のようなものはないというのである。

このように見ると、空は縁起《えんぎ》と同義語であることに気づくであろう。縁があるから起こり、縁がなければ滅する。縁起縁滅の理法は、無常（変らないものはない）であり、無我（固有の実体はない）である。これを一語で空といい、無というのである。

そして、人が真実、主体的に自立して生きようとする時には、この縁起の理、すなわち空の理《ことわり》をしっかりとさとらなければならないというのである。

M　講談社学術文庫『般若心経』(5)で金岡秀友先生が説かれる「空」とは……。

……現実にあって現実にとらわれず、現実にとらわれずして、しかも現実を重視する（中略）それは単なる現実否定ではなく、また単なる現実密着でもなく、……（中略）現実にあっての「自由自在」の境地であり……（以下略）

私　いずれもよくわかりますね。

M　「空」とは、やはり「ゼロ」、「無い」ということのようにも……。この点、『ビギナーシリーズ般若心経[6]』（現代書館）で遠藤先生が述べられている……こと。

……みんなへばりついている。執着している。そしてそうやって、へばりつき、執着した結果、どうなっていくかというと、一つの苦悩がつぎの苦悩を生み、二つの苦悩が四つの苦悩を生み、そしてだんだんと老いて、病《や》んで、死んでいく。そしてそれが、約二〇〇〇万年間にわたる人間の歴史だったと思います。それを一八〇度転換したものの考えを、般若心経は、ズバリと言っている……。

一連のことを「永遠のいのち」と説く……

R　この著書が(7)、「永遠のいのち」という見出しで述べられていること、いいですね。

ちょっと読んでみましょう。

このお経が言っているものは、「永遠のいのち」のことです。（中略）如来(8)の世界のことなのです。如来の世界は、ある日あるとき、忽然《こつぜん》と生まれたものでもなければ、ある日あるとき、忽然となくなるものでもないのです。

キリスト教のバイブルによれば、この大宇宙は、ある日あるとき、エホバの神が、何もなかったところへポコッとつくったと、創世記に書いてあるが、仏教における如来の世界というものは、そんなチャチなものではない。地球が誕生する前から、太陽系宇宙が生まれる前から、銀河系宇宙が発生する前から、この宇宙にガスしかなかった時代よりもっと前から、そしてそのまた無限の過去から、やはりあったのです。

そしてこれからも、無限の未来へと向かって、「滅《めっ》せず」つながっていくのです。このままでいけば、いずれ日本人は滅亡します。人類も滅亡します。そして残った地球も、地球物理学者によれば、あと約五〇億年後には、太陽にのみ込まれてなくなってしまうと言われています。ところがその地球が、消滅したそののちにおいても、この天地大宇宙を生きつづけに生きているエネルギー、いのちは、不滅なのです。

そしてそれには、色《いろ》も形もないから、「垢《あか》つかず、浄《きよ》からず」。そして「増えもしなければ、減りもしない」。そういう世界、そういう永遠のいのちの存在というものを、我々が生きながらにして、感じとること、その永遠のいのち、すなわち如来と自分とを一体化せしめること、そこまでいけば、本物ですね。

しからば、我々が、そこまでいくにはどうしたらいいのかという方法論になるわけですが、これについては、各宗派ごとに、いろいろなことを言っています。禅、念仏、題目、護摩たき等いろいろ。何でもいいのです。自分の好みに合ったものをやればいいのです。私は、今のところ、禅が最も好みに合っているから、禅によって、永遠のいのち、すなわち如来と一体となって生きていく世界を頂戴しようと思って、やっているところです。

M　とても、説得力のある説き方ですね。

R　そう思います……私も。

M　ところで、考えすぎるな、こだわりすぎるな、と、説かれるお話をよく聞きます。

しかし、現実はなかなか対応が難しいわけで……。

R　ひとは、その生涯の間、多くの場面で、いろいろな変動、試練に遭遇する。

しかし現実は……

しかし、苦しみや災《わざわ》いに打ち克《か》つひと、つまり、あまり落ち込まないというか、そんなに弱気にならないかたもおられる。

M　そういうかたは稀《まれ》ではないにしても、そう多くはいないと思いますが……。

R　現実はそうです。でも、いい意味で人間を強めるものとしての、精神世界の文化、わけても、日常の中の「宗教（狂信ではないもの）」とか、あるいは、お好きなかたの場合、「読経」もいいかもしれない……。うんと落ち込まないために、あまりにも弱気にならないように……。

M　そうですね、人間、大変な困難に突きあたると、もう「絶望」だと思われる場合も、しかし、その人は、どれだけ望んでいたのか、どれほどの「欲」だったのか……。

R　そういうことに容赦なく断定的に言っているのが『般若心経』だと言えないでしょうか。

私　「少欲知足」と口《くち》でいうのは難しくないけれど、やはり、実際は、ブレーキがしっかりしていないことも……。それで、自分はほぼ満足、そして、そのことがほかのひととかかわりがあったら、ほかのひとのことも、自分のほぼと大差がないというか、まあ、相手のことも念頭に置く、そういう態度が必要ですね……。

R　人間の「叡智《えいち》」ですね。やはり、人間、日々すこしでもよくなろう主義（人格面での）がいいですね。

真言のことで……

R　つぎに、「真言（呪のこと）」についてすこし話し合ってみませんか……。

M　この点に関しても、さきほどの遠藤誠先生のご著書を読んでみませんか。

呪《じゅ》の問題です。みなさんは、何か苦しくなったら、「羯諦《ぎゃてい》羯諦《ぎゃてい》波羅《はら》羯諦《ぎゃてい》波《は》羅《ら》僧《そう》羯諦《ぎゃてい》菩《ぼ》提《じ》娑《そ》婆《わ》訶《か》」と、何十ぺん、何百ぺんと、心の底から念じなさいということです。もっとも、呪には、これ以外にもたくさんあります。光明真言と言って、「おんあぼきゃべいろしゃのう　まかぼだら　まにはんどまじんばら　はらばりたや　うん」というのもあります。ある意味では、「南無阿弥陀仏、南無阿弥陀仏」もひとつの真言ですね。あるいは、「南無妙法蓮華経、南無妙法蓮華経」もひとつの真言ですね。「南無釈迦牟尼仏」しかり、「南無観世音大菩薩」しかり。

　何でもいいのです。何か如来のことば、あるいは如来に呼びかけることばを、一心に唱えるのです。そうすれば、何かがあります。この世には、理屈では解明のつかないことが、いくらでも、あるのです。自然科学では解明のできないご利益《りやく》が、真言にあることは、たしかです。もしそうでなく、たんなる迷信なら、二〇〇〇年の歴史に耐えて、この真言が、現在に残っているはずはありません。

そこで、

羯諦《ぎゃてい》　羯諦《ぎゃてい》　波羅羯諦《はらぎゃてい》　波羅僧羯諦《はらそうぎゃてい》　菩提娑婆訶《ぼじそわか》

合掌

M　遠藤誠先生の著述、とてもよく理解できますね。

R　そう思います。先生のお考えをのべられて、また、きちんと要諦をおっしゃっている点、いいですね。

M　そこで、「般若心経とは」を、端的に説明すると、なると……。

私　そうですね。ひとことで申し上げるのは、極めて至難なことですが、あえて……、どういうお経か、ということになれば、①「人生へのヒント……賢明な日常のあり方」が説かれている……、たとえば、ひどい執着心は芳《かんば》しくないことだよ、と。もちろん科学者の方などが自分のなさっていることに寝食も忘れて取り組まれるのは、執着心とは言わないでしょうし、まあ、普通の生活、ふだんの人間関係の場合ですが……。それに、いまひとつは、②真言です……と。なお、この①と②をセットとして説く見解と、それぞれに機能していると説かれる場合もあるようです。

この②は、いわゆるまじないとして唱えるのではなく、無心無念で唱える、くりかえし唱える、ことに意義があると言われますね。

以上が、私の「心経・ミニ説明」です。

R 「空」の思想、「般若」の説明、そしてその延長線上に、ギャーテーギャテーと、つまり哲学的なところの意味理解と全体構造のことを、上手《じょうず》に説明できるといいんだが……。

M いまのお二人の説明も、ひとつのとらえ方だと思います。あとは、所詮《しょせん》二分や三分間で、『心経』のことをうまくお話しすることは、無理なことと思うので、私は、格好の本を何種か紹介することなんか、いいのではないかと思います。

（1）誓願について　菩薩の誓願を通常、四弘誓願《しぐせいがん》という。四弘誓《しぐせい》とも総願《そうがん》ともいっている。この誓願は、内容・用語のうえで、いろいろな誓願が示されている。わが宗では、『六祖法宝《ろくそほうぼう》壇経《だんきょう》』の説をとって、次の四句を誓願としている。

衆生無辺誓願度《しゅじょうむへんせいがんど》　衆生は無辺なれども、誓願《ちか》ってこれを度せんとす。
煩悩無尽誓願断《ぼんのうむじんせいがんだん》　煩悩は無尽なれども、誓願《ちか》ってこれを断《だん》ぜんとす。
法門無量誓願学《ほうもんむりょうせいがんがく》　法門は無量なれども、誓願《ちか》ってこれを学ばんとす。
仏道無上誓願成《ぶつどうむじょうせいがんじょう》　仏道は無上なれども、誓願《ちか》ってこれを成《じょう》ぜんとす。

この四弘誓願は、深い意味をもっている。人間だれでも、人生の目標を考え、理想世界をえがき、そのための生活信条をたてて、社会生活を営むものである。そして個人個人の生活が安定し、健康で、幸福な生活が達成されるのは、万人共通の規模であり理想である。その中の一人でも不幸なものがあれば、それは理想世界とはいえない。

その人の願っている幸せが、名誉であったり、金銭であったり、また家庭生活であっても、仏教が最後の理想としているものは、到彼岸《とうひがん》である。その人のおかれている環境に応じ、あるいは段階を追い、方便を設け、あるいは利益《りやく》を与え、そのとき、そのところに応じた幸せを得る道に違いがあっても、終点は「仏のこころ」である智慧の完成と、温かい慈悲の世界を実現することが、仏教の理想であることを理解したい。

誓願のないものは仏教者ではない、と極論するものもあるように、仏教の生活は、まず誓願をたてて実践することである。

（2）六度

六度は六波羅蜜《ろくはらみつ》のことで、菩薩は日常、次の六種の生活を行い、世のため人のためにつくすとともに、自分の修養と向上につとめるのである。その六つは、

1、布施《ふせ》（檀那波羅蜜《だんなはらみつ》）常に財宝二施《ざいほうにせ》と無畏施《むいせ》を行い、貪りのこころなく、あわれみのこころをもって生活する。

2、持戒《じかい》（尸羅《しら》波羅蜜）常に三聚浄戒《さんじゅじょうかい》を保ち、悪い行いをやめ、身心《しんじん》をきれいに生活する。

3、忍辱《にんにく》（羼是《せんだい》波羅蜜）常に他のものを、怨《うら》みそこなうことなく、苦しみに耐え、正しい道理を諦《あきら》め、よく瞋恚《いかり》をなくして、平静なこころを保つ生活をする。

4、精進《しょうじん》（毘梨耶《びりや》波羅蜜）常に精進努力し、あるいは方便して精進し、また、人びとに精進をすすめ、懈《なま》け怠《おこた》ることなく、善き道にすすむ生活をする。

5、禅定《ぜんじょう》（禅那《ぜんな》波羅蜜）常に正法《せいほう》に遵《したが》うことが安楽《あんらく》の道であることを念《おも》い、静慮《じょうりょ》のところにこころをとどめ、また、人びとをこの境《きょう》に入《い》らしめ、よくこころを乱さず、摂心《せっしん》の生活をする。

6、智慧《ちえ》（般若波羅蜜）常に世の人びとのことを深く考え、仏のこころをさとり、愚かな考えをすてて、社会の真実相を明らめるように生活する。

（3）「要諦（ようてい）」物事の肝心かなめの所。大事な点。▼本来は、仏教の肝要な悟り。（『国語辞典』岩波書店）

（4）池田魯参『般若心経』講談社・平成七年（一九九五）八八〜八九頁

「空」について説かれている数多くの著作の中でも、とてもわかりやすい説明である。

（5）金岡秀友『般若心経』講談社学術文庫・平成十三年（二〇〇一）八八〜八九頁

この著作は、「空」を、人間のこころの作用という視座で説いているように思う。

（6）遠藤誠『ビギナーシリーズ般若心経』現代書館・昭和五十九年（一九八四）一六一頁

この著者は、現実的で、深みがあり、特色のある説き方で、「空」について語っており、本文中の引用は、その一部である。

（7）同右書　一六二〜一六三頁

著者が、般若心経の妙味（あじなところ）について説く、「永遠のいのち」という項（説明）は、何度読んでも蘊蓄《うんちく》がある。

（8）『如来《にょらい》』修行を完成した人。人格完成者、向上につとめた人。真理の体現者。（『広説佛教語大辞典』東京書籍）

第二章　この経の主題（思想性）

――構造、マントラのことなどおおよそのところを――

R　般若心経の思想性を簡単に描くとすれば、まあ、「智慧の教科書」と、言えないでしょうか。そのフローチャートは、「平《へい》常心《じょうしん》」……「日々是好日《にちにちこれこうじつ》」……「生涯修行」と、これが一体的に、また、ひとつの流れとして描くこともできると思います。

生涯修行

仏教の説く、真実の幸せの岸（彼岸）にたどりつくための「智恵」が「般若」であるといわれますが、その〝哲学的な〟ところは、平常心として定着していることが望ましいわけで、そういう生きかたである場合、いわば「日々是好日」であり、しぜんと、「生涯修行」ということにもなる。

また、日々是好日と言っても、普通の生きかたでいいのであって、そうであればこそ、極めて稀《まれ》にタナボタ的なことがあっても、有頂天になることはないだろうと思いますね。

M フローチャートとして描く……いまのようなお話、いいですね。

私 智恵には、さまざまな、働かせかたがあると思います。いい人生のために……、どう作用させるかは、人各々《ひとおのおの》異なります。

みんな、自分はこのように、で、いいわけです。ただ、①他人に迷惑をかけない……（この場合、他人も、まともであることは当然）、②良心の呵責《かしゃく》を覚えるということがないこと（良心が麻痺《まひ》していない状態）③自分の智恵による生活結果（成果）に後味の悪いものはない（生きていく上で、多少はあるかもしれないが）……と、自分をコントロールできるようにつとめたいわけですが……。

また、何事も、私利私欲で判断することのみでは、般若（智恵）ではないことになりますね。

M　人生の充実という観点からは、無目的な生き方や、漠然とした幸せ願望、さらに、他人を意識し、無理をしている状態だと、ちょっとどうかと思いますね。

R　そのとおりですね。ところで、世の中は常に変化してやまない。大自然の空《そら》のようであり、大海原のようでもある。そんな中で、向う岸がよく見えない、霧などで見通せない……そんなときでも、方向性だけは、しっかりしているとしたら、やはり、〝智恵のある生き方〟でしょうね。

M　般若心経は、一過性《いっかせい》のことを説いているのではなく、いわば、人間、「生涯修行」であることを語りかけていると、解《かい》したいですね。そして、この修行とは、特別なことをなさるというのではなく、普通に、誠実に、また、「しっかりした生き方」のことだと、思うんですが……。

私　まあ、「淡々《たんたん》」と生きる、ということを指すのでしょうね。

M　いま、おっしゃったこと、即ち「般若」であり、その日常の姿そのものが「生涯修行」なんだと思います。

ところで、般若心経の中に、七回出てくる「空《くう》」について話しあってみませんか……。

R　これも、きちんととらえようとすると、難しくなりますので、まあ、ポイントを頭に入れたいということになれば……。

「空」のこと

一般的に「空」には、空虚とか、まあ、消極的なイメージがある。しかし、仏教で説く「空」には存在を正しく認識するための積極的な概念があるわけですし、よく、原点にたちかえってという、そういう状態、つまり、「空」は色づけされないさらのままの状態ということになる。そんなわけで、つかいようによって、いかようにも変化する無限の可能性をもっているのが「空」なのだと言えないでしょうか。

「すべてのものが『空』である（一切皆空）」という認識に到ることができれば、執着にふりまわされず、苦しみ悩みから抜けることもできると言うのでしょうね。

このような認識のあり方、即ち般若波羅蜜（智慧の完成）なのかもしれません。

そして、一切皆「空」と認識することが、すなわち悟りの境地に到るということで、そういう意味では、空は悟りの境地を支える重要なはたらきということになりますね。

M　そう思います。つぎに般若心経の構造ということですが、岡野守也先生の著書『わかる般若心経』（般若心経の組み立て、という章）で述べておられることは……

般若心経の組み立て

○本論　1　世界全体が空である。
○本論　2　人間も空である。
○本論　3　十二縁起《じゅうにえんぎ》も四諦《したい》も智慧《ちえ》も空《くう》である。
○本論　4　菩薩《ぼさつ》と仏《ほとけ》について、
○結論　真言《しんごん》……呪《じゅ》

となっていますね。

R　さらにくわしくとなると、難しくなるので、つぎに、「マントラ（真言）」のこと、あるいは「何回もお経を唱える」ことの意義（あるいは意味）などについて、ちょっと話しあってみませんか……。

M　「かくて般若心経は、現代人の心を癒《いや》す」というタイトルでの、『プレジデント（一九九六・十月号）の記事、河合隼雄先生談・インタビュー・構成・保坂俊司先生』から学ばせていただきましょう……。

　西洋の近代化というものは、物事を明確に分類するということを徹底に進め、体系化していった。（中略）仏教の考え方は近代が体系化したものを何らかの意味を補うといってもいいし、あるいは、超えるといってもいいかもしれない。（中略）

　日本人にとっての仏教は、いわゆるアメリカ人にとってのキリスト教とかアラブ人にとってのイスラム教のような明確な宗教とは異り、むしろ日常生活と深く結びついている。

だから、日常の生活のなかに宗教的な意味がいかに含まれているかをもう一度考えてみることが大事なんじゃないかと思う。（中略）

そこで、いま、心の癒《いや》しを宗教（仏教）に見出すという意識が生まれるわけですね。

そのためには、まず、お寺の坊さんたちがもっと仏教の魅力や意味を人々に伝える努力をする必要がありますね、そういう活動がまるで伝わってこない。日本の坊さんたちは宗教活動はあまりしなくても食べていける。こういうところが構造的な問題なんですね。

もちろん、そうなったのには明治のときに、死者の供養だけが宗教活動であるという枠を明治政府にはめられてしまったことがあるんですが、逆に宗教者側もそれに安住してしまったというところにある。（中略）

心を癒すという意味では仏教は相当に可能性があると思います。(中略)
読経には意識を覚醒させる効果がある。言葉について考えるのではなく、同じことを繰り返し繰り返し一言一句漏《も》らさずに繰り返すことによって、意識のレベルを下げながら、しかも覚醒水準を保つのです。
　この意識水準の下降については一つ認識しておかなくてはならないことがあります。それは、意識水準が低下しても、そのときに意識的な判断や注意力は保持されていることです。

読経の効果

西洋近代においてはそのことが理解されておらず、また「自我」を重視していることもあるので、意識水準の低下はすべて「異常」「病的」と考えてしまったのです。ところが仏教においては、このような意識レベルの下降を注意力や観察力を失うことなく気力を充実させたまま行なう方法を、瞑想、読経、坐禅などの方法として開発してきました。(中略)
お経によるストレス解消は、とにかく唱える。そこで大事なことは、へた

に解釈してはいけないということ。……（中略）

僕ら、小学校のとき、何も意味わからないことを聞いて全部暗記してました。

現代人には、ある意味でそういうものがなくなってしまった。いわゆる近代主義というのは呪文を全部否定したわけです。呪文を否定して何でも意味を考えて、何でもわかろうというふうに考えてしまった。そうすること自体がすごいストレスを生み出してしまった。

つまり、「般若心経」を例に取れば、それをわかろうとするのではなくて、単に唱えることに意義、つまり心を癒《いや》す作用がある。

もちろん、ただ唱えるだけではいやで、読んで理解を深めたい人は本などを買って勉強するのもいいんです。ただ、それで完全にわかったと思ったら、もう駄目だと思います。理解するよりは唱えることに意味がある。そう思うことが大切だということです。

R　〝わからなくとも〟……とりあえずは、それでいいという考え方なわけですね。

M　「わかったと思ったらもう駄目、理解より、何度も唱えることに意味がある……」ということ、私は、もっと勉強しないと、十分にうなずけるまでには……。

私　いまのおふたりの疑問や、あるいはとらえかた……わからなくはないが、ただ、真言などをくりかえし何度も唱えることには、それなりの意義もあると思いますが……。

R　それは、そうだとおもいます。

M　私も、同じ理解です。

般若心経の浸透度《しんとうど》

私　般若心経を、一般のひとびとはどんなふうに受けとめているか、つまり、どのように浸透しているかを、よほど前に、寺での参禅者からうかがったことの一部を申し上げてみたい。

①般若心経を逐語解釈しようとしても、判ったようで判らない。仏教は実践の教えなので、お経を頭で理解しようとしても、なかなか本当のところは判りにくい。（壮年・会社役職者）

②経を唱えるにも、何かを期待するのではなく、只《ただ》無心に読んでいる。しかし、或《あ》るときは、とし老いた母への感謝の心で読むことも。（同前）

③母の月命日には、必ずお経（般若心経）を読んでいる。（中年・私学事務職幹部）

④ずいぶん前から、毎朝、お経（般若心経）を読んでいる。（老年者・元会社員）

⑤誰かに聞いたことだが、「人生には失敗はない、愚痴があるだけ」と、自分によく言い聞かせているが、それでも弱気になりそうなときは、般若心経を読んでいる。（老年・主婦）

⑥般若心経は、無無無、不不不と何度も否定を繰り返しながら、拘泥するな、

飾るな、と、くち酸《す》っぱく言っているようだ。（中年・会社の中堅）

⑦　般若心経から、私は、慈悲心を学んだ……。（老年・元会社員）

⑧　自分は、いろいろな場面で般若心経を唱えている。（a）身内の臨終のとき、小さな声で……。（b）ハイキングで山深くわけ入って、大きな滝の前で、水の音に負けないぐらいの大きな声で、友人数名と……、虚心に。（c）歳末托鉢で街へ出て、十余名の仲間といっしょに般若心経を唱えたこともあった。（老年・元会社重役）

M　まあ、大要、以上のようなことでしたが……。

R　いま、うかがうと、みなさん、内容的なことには、ふれられない感じですね。

M　実際は、思想性という点にもいろいろ関心をもっておられるでしょうし、般若心経の意味理解のことは、まったく念頭にないとは言えないと思いますが……。

M　日常の中で、生活にとけこんだものとなっている……、そんな感じも。

R　それでいいと思いますよ。肩肘《かたひじ》張らずに、しぜんに、しかも、継続している。生活の中のひとつの文化と言えますね。

第四部　『般若心経』に聞く

R　『般若心経』を読もう、とにかく、まず、読むことがいいと思う。自分の家の中で、自室でも、仏壇の前、そのほか、適当なところで、正座して背骨をしっかり立てて、一心不乱に読む……、自己と心経が一体となる……そうなれば、なお良い。

M　必ずしも、正座とはかぎらず、足の不自由な方は、椅子にかけてでもいいと思う。

読誦《どくじゅ》は三昧《ざんまい》なり

R　般若心経に学ぶ、般若心経に耳を傾けるとなると、やはり、その本旨は、「空」である。

万物空の理をサトル

心経の眼目は、「万物空の理をサトルことによって、心にワダカマリがなくなり、一切の苦からぬけ出すことができる」という点にある。あとは全部これを明らかにするための方便として利用されたものである、と説くのが、『たれにもわかるハンニャ心経』の上野陽一先生です。

M　ただ、このこと、「達観する」なら、まだ納得できるが、「あきらめ的……」

あるいは、「厭世的《えんせいてき》」と、とらえるのは、どうもね……。

R　そうですね……。まあ、よくうけとめておられる（悟り的な人格レベル）のか、逃げているのか、その点、自分自身の場合も、また、ほかのひとのことを見ても……。

M　般若心経の説くところの人格状態は、当然、真実の智慧（般若）が前提であると解すべきでしょうから……、現実のことを、そう強く考えなくとも、とは思いますが……。

R　この「経」の思想は、公式で、日常のわれわれの時々刻々は、いわば、その公式をもとにしての数理でしょうから……。

ともかく般若の実践は、苦しみの解決にあるという点が、この「般若心経」の思想なわけで……。これを逆にとらえて、一切皆空《くう》と達観しても、自己の悩み苦しみを、どうすることもできないようでしたら、空ということ、そのことの理解が十分でないと言うことになるのかもしれませんね。

M　人間、どなたも、心の状態が静止しているわけではなく、絶えず動いている、あるいは、変化している。

あることについて自己反省を行なったとしても、また、つぎの瞬間には、べつの状態となっていることもあり……自己の心だってとらえることもできないことが……。自己の心を把握していると思っているのは、単にそう思うだけなのかもしれない。ほんとうは、とらえていない、このように思うまましっかりとらえられないことを「空《くう》」というのかもしれませんね。

私　いまのこと、よくわかりますが、観念的にどうこう言えても、現実の場面では、やはり、われわれは、めざすところがしっかりしており、そして後ずさりしないようにすることでしょうね。

真言のこと

R　真言は、「般若心経」全体のエキスではないけれど、これだけ唱えても十分だと、説かれる著述もありますね。

M　そうですね。その場合、梵文（この本の三一頁後段）で唱える……「ガテー、ガテー、パーラガテー、パーラサムガテー、ボーディ、スヴァハー」も、ひとつの唱え方と思いますが……。

R　賛成です。時間のないときなんか、いいのではないでしょうか。忙しい方は、仏壇の前で、真言だけでも、小さい声で、いいわけですから。

M　また、禅宗では、地鎮祭の時にも、『般若心経』を唱えたりしますね。

R　たとえば、ラフカデオ・ハーン（小泉八雲）の『耳なし芳一《ほういち》』にもありますし、まあ、お経の中で、『般若心経』ほど、すばらしいはたらきをする……重要なお経は、まさに、類例なきと言えましょうね。

私　人類の渇望する不老長寿、ひいては、死のない世界というのは、天国でも極楽でもなく、まさしくそこは地獄だと思う。

生死《しょうじ》一如

つまり、欲望……即ち「生」を永遠のものにした瞬間、その欲望が死を招くことになりはしないか、これが縁起の教えであり、色即是空の真理だと思います。

この原理は、古人の説いた「生死一如」でしょうし、『般若心経』の教えだと言えましょう。

欲望の極致は、滅亡だということを、そのかなり手前で、わかるようにしようねと、語りかけてくれるのも『般若心経』だと思います。

よく、このお経に耳を傾けていきたいものです。

あとがき

宗教への問い

若い世代に、あるいは中年のかたに、経のこと、ひいては、「宗教の本質」といったことで、よく問われる。

しかし、このようなことは、話題にのぼっても、なかなか難しく、ひとくちでは言えない問題ゆえ、多くの場合、深まりのないままで止まってしまう。

そんなことから、まず、小著のむすびとして、つぎのおふたかたの著書から学ぶことにしたい。

佐々木宏幹先生は、その著『宗教人類学（講談社学術文庫）』で……。

人生はそれ自体（普通の状態）としては望ましいものであり楽しいいとなみであるのだが、時おりいろいろな悪しき要因によって、望ましからざる状態に陥るのだという論理が秘められているといえよう。

このような外在的、実体的な要因を処理することによって「救い」を実現しようとするいき方にたいして、人間自身、人生自体の内側に苦の要因を認め、これを除去し、あるいは内面を調整することによって、苦を克服しようとする立場がある。外在的・実体的な苦の要因処理による救いは、苦の要因が無数であり、また絶えず不幸・災厄が生起する可能性がある以上、人生にとっては部分的、相対的な問題解決にしかならない。しかるに苦の要因を人間存在の主体に見いだし、これを処理することによっての救いの実現は、苦を苦として受けとめるのは人間自体であるのだから、論理的には、全体的・主体的な問題解決を目指すものといえる。それは「人生まるごとの救い」の実現を目指しているといえるのである。

このような人生観を典型的にそなえているのが仏教である。仏教は生老病死《しょうろうびょうし》を四苦と規定するが、これは生きていること自体を苦と断ずることにほかならない。しかも仏教の創唱者仏陀《ぶった》は、人生の苦なる事実の原因を、神霊や精霊その他の超自然的存在や力に帰そうとはしなかった。彼は苦の根拠をば、人間の主体のなかに見出そうとした。より的確には、世界・人生の構造と人間の自我との間の根本矛盾・ズレに苦の生起を確認したといってよい。世界と自己の存在の構造が無常・無我であるのに、人間は恒常と我を欲し求め、自己の欲するがままにならず、希望にそわないがゆえに苦に翻弄《ほんろう》されるのである。とすれば、苦から脱出（解脱《げだつ》）するためには、存在の構造を徹底的に見究めるとともに、現実にたいして、あれこれ欲し求める主体の働き、すなわち執着・欲望・煩悩を断ち切り、払い去らなければならない。

と述べておられる。また、『現代宗教の可能性』（岩波書店・叢書「現代の宗教

②」）で島薗進先生は、その著の結語でこのように述べている。

「現代宗教の可能性」の展望は、もしあるとしてもごくわずかである。個々人が深い慰めを得る場を与えるとともに、他者との相互的な交わりを尊び、各自が自立して自らの責任を果たす手助けをし、ひとりひとりの現世の幸せを重んじるとともに、この世の秩序を相対化できる超越の領域を保持しつづけるような宗教のあり方を私は望んでいる。

幸い、そうした宗教性を生み出すような資源を、日本の宗教伝統は豊かに蓄積してきた。これまでのところ商業主義・自由競争主義の悪影響にどれほど曇らされているにせよ、今後、生気に満ちた宗教生活や深みのある宗教的思惟・感性が日本社会に花開き、実を結ぶ可能性は十分に存在しているはずである。

いま、日本で出版されている三百数十種の『般若心経』の本のうち、自分の手もとにあるのは、まだ数十種（冊）、これからも多くの著作に学んでいきたいと思っている。

ひとりの僧の自習ノート

十年ほど前、般若心経の本を何種か読んだ折、ちょっと、自習の読書ノート風にまとめたいと思った。そんなわけで、いわば、自習メモ的な小著である。

般若心経についての著作（出版）は、他に例を見ないぐらい実に多い。この中でも、出版されている「本」の一覧を挙げている。

人生への応援歌……

般若心経のことを、いくつかの著作の中から学ぼうとすると、類似のもの、個性的な独特の説の著作など、まさに百花繚乱《ひゃっかりょうらん》である。

このように多くの出版があるということは、広く親しまれていることで、また、ひとことで言えば「人生への応援歌」なのかもしれない。

ところで、まとめようとして筆をとっても、非力な私の力の及ぶところではなく、不十分なところ多く、まだまだ未完にして、習作の域であり、みなさんのご批正を賜れれば幸甚である。

なお、私見よりも、多くのすばらしい著作に学び、しかも視点を広くすべく、書きかたとして、鼎談《ていだん》のかたちをとっているところもある。

さらに、内容として、用語にきちんと一貫性をもっていない点、その他推敲《すいこう》不十分なことなど何卒、ご寛怒の程お願い致したい。

小著をまとめるに、木庭哲之、河西和章、鈴木洋子、本田弘禅の各氏にお世話になったこと、まことにありがたく思っている。

こころから、お礼を申し上げる。

読み、学び、あるいは引用した著作

あなただけの般若心経　阿部慈園ほか（共著）　小学館
あなただけの名品般若心経　飯島太千雄　小学館
生まれ変わる般若心経のこころ　ひろさちや　世界文化社
運を開く般若心経の読み方　公方俊良　ＰＨＰ研究所
現代宗教の可能性　島薗進　岩波書店
心のお経　般若心経　寿量品偈・観音経偈　佐藤俊明　書苑
四十歳からの般若心経　松原泰道　大和出版
寂聴般若心経　瀬戸内寂聴　中央公論新社
宗教人類学　佐々木宏幹　講談社学術文庫
心経百話　妣田圭子　東方出版
生と死の『般若心経』　牛込覚心　大蔵出版
たれにもわかるハンニャ心経　上野陽一　大法輪閣
はじめての般若心経　大栗道栄　日本文芸社

初めての般若心経　お経のすすめ研究会・篇　四季社
般若心経　池田魯参　講談社
般若心経　遠藤誠　現代書館
般若心経　金岡秀友　講談社
（改定新版）般若心経　堀田和成　法輪出版
般若心経　山田無文　禅文化研究所
般若心経90の智恵　公方俊良　三笠書房
般若心経現代語訳　久次米広文　ＭＢＣ21
「般若心経」講義　紀野一義　ＰＨＰ研究所
般若心経講話　友松円諦　大法輪閣
般若心経講話　鎌田茂雄　講談社
般若心経講義　奈良康明　東京書籍
般若心経・金剛般若経　中村元・紀野一義　岩波書店
般若心経に学ぶ　花山勝友　日本放送出版協会
般若心経入門　松原泰道　祥伝社
般若心経の新解釈　平川彰　世界聖典刊行協会
般若心経の真義　重松昭春　朱鷺書房

般若心経のすべて　公方俊良　日本実業出版社
般若心経の世界　瓜生中・渋谷申博　日本文芸社
般若心経の総合的研究　福井文雄　春秋社
般若心経の謎を解く　三田誠広　ネスコ
般若心経の話　高崎直道　曹洞宗宗務庁
般若心経を庶民の目で読む　香川勇　黎明書房
「般若心経」を読む　紀野一義 他　鈴木出版
龍樹・親鸞ノート　三枝充悳　法藏館
わかる般若心経　岡野守也　水書坊

314	原説般若心経 内在された叡知の究明	高橋信次	三宝出版	1982年	¥825
315	般若心経　いろはかるた さとりへの道「心経」の世界をときあかす	小原弘万	朱鷺書房	1981年	¥1,000
316	現代人の般若心経	谷　英賢	久保書店	1973年11月	¥400
317	般若心経百巻	岸田千代子	東京美術	1973年	¥1,942
318	ビデオ　般若心経のすべて 知る、誦む、書く		中央社		¥5,825
319	般若心経講義	高神覚昇	角川書店	1979年	¥520
320	般若心経	金岡秀友／校注	講談社	2001年４月	¥900
321	般若心経・観音経・ 観音信仰について	京都清水寺監	日本仏普及会		¥1,000
322	万世一系の原理と 般若心経の謎	浜本末造	霞ヶ関書房		¥2,500
323	生きてる般若心経の解説	和田聖公	霞ヶ関書房		¥1,000
324	般若心経の話	大山澄太	潮文社	1993年６月	¥1,359
325	デジタルブック新訳・般若心経		三修社		¥2,621
326	良寛和尚書　般若心経		清雅堂		¥3,500
327	般若心経の信仰　改訂版		駸々堂出版		¥1,359
328	紺紙金泥　般若心経		集英社		¥180,000
329	カセット　般若心経講話		宗教心理出版		¥2,913
330	カセット　素読・ 般若心経入門	安達及夫	ごま書房		¥2,000
331	般若心経は語る		東方出版		¥1,200
332	集王般若心経		二玄社		¥1,200
333	写経本般若心経	松原泰道	鈴木出版		¥777

〔お願い〕
書名、著者名、出版社等、不十分な点に関して、ご寛容賜れれば幸甚です。

294	般若心経述義	智光	立文書院	1977年10月	¥1,200
295	般若心経講話	友松円諦	大法輪閣	1980年	¥2,427
296	般若心経講話	橋本凝胤	誠信書房	1971年	¥1,500
297	入門 般若心経の読み方	ひろさちや	日本実業出版社	1981年5月	¥1,200
298	図説 般若心経	金岡秀友	講談社	1982年11月	¥1,200
299	写経と般若心経	宮崎忍勝	朱鷺書房	1981年4月	¥1,200
300	改訂版　原説般若心経	高橋信次	三宝出版	1982年	¥825
301	経営を活かす般若心経	松村寧雄	ソーテック社	1983年1月	¥1,000
302	お不動様の御加護を あなたに 魔霊・悪霊を祓い、般若心経を説く	真仁田敏江	池田書店	1982年6月	¥980
303	般若心経　現代版絵入り 人生を豊かに生きるための54のヒント	ひろさちや／佐村憲一	ごま書房	1985年	¥880
304	洗心　般若心経 今を大切に生きたいあなたへ	松原哲明	チクマ秀版社	2000年12月	¥600
305	護摩全集　第59巻	添田隆俊	東方出版	1983年	¥2,913
306	般若心経276文字が語る 人生の知恵	松原泰道	祥伝杜	1983年	¥829
307	般若心経の研究	松浦秀光	図書刊行会	1983年	¥2,800
308	般若心経の新解釈	平川　彰	世界聖典 刊行協会	1982年	¥2,000
309	般若心経の風光 観自在の世界	紀野一義　著／ 高村光太郎　書	実業之日本社	1982年11月	¥1,600
310	般若心経を解く 空とは瞑想の極致なり	藤倉啓次郎	たま書房	1982年7月	¥980
311	般若心経を解く	今村誠治	大陸書房	1982年6月	¥1,500
312	般若心経を読む 言語物質論	松岡正剛／遊談	工作舎	1982年6月	¥700
313	般若心経の真実	佐保田鶴治	人文書院	1982年6月	¥1,600

271	般若心経　現代講話	大洞良雲	黎明書房	1983年3月	¥1,748
272	解説 般若心経	田久保周誉	平河出版社	2001年12月	¥1,400
273	般若心経が救う	田口真豊	光書房	1983年2月	¥980
274	「般若心経」を読む	水上　勉	PHP研究所	1991年11月	¥448
275	新訳 般若心経	松原哲明	出版開発社	1993年7月	¥1,748
276	秘蔵宝鑰 般若心経秘鍵	勝又俊教	大蔵出版	1977年9月	¥6,000
277	般若心経の読み方	飯塚関外	立風書房	1994年5月	¥1,200
278	般若心経の風光	紀野一義	実業之日本社	1982年11月	¥1,600
279	般若心経の新解釈	平川　彰	世界聖典刊行協会	1982年12月	¥2,000
280	般若心経の再発見	林田茂雄	雪華社	1979年11月	¥1,300
281	般若心経入門	大城立裕	光文社	1981年10月	¥825
282	般若心経入門	真鍋元之	星雲社	1977年6月	¥900
283	般若心経講話	大森曹玄	柏樹社	1981年5月	¥1,600
284	般若心経講話	鎌田茂雄	講談社	1986年9月	¥800
285	「般若心経」を読む	紀野一義	講談社	1981年2月	¥660
286	般若心経を読む	松岡正剛	工作舎	1982年6月	¥700
287	般若心経を解く	大法輪閣編集部編	大法輪閣	1982年6月	¥1,360
288	般若心経を解く	藤倉啓次郎	たま出版	1982年7月	¥980
289	般若心経を解く	今村誠治	大陸書房	1982年6月	¥1,500
290	般若心経いろはかるた	小原弘万	朱鷺書房	1981年9月	¥1,000
291	般若心経	バグワン・シュリ・ラジニーシ	めるくまーる社	1980年1月	¥1,700
292	般若心経ひとすじ	小原弘万	京都	1978年2月	¥1,800
293	般若心経大成	榛葉元水	開明書院	1977年6月	¥6,800

248	梵字般若心経	徳山暉純	木耳社	1995年12月	¥1,600
249	般若心経と観音経	小原弘万	朱鷺書房	1984年6月	¥1,200
250	般若心経略疏	法　　蔵	新人物往来社	1984年6月	¥1,200
251	般若心経	王　羲之	雄山閣出版	1984年5月	¥2,718
252	般若心経	遠藤　誠	現代書館	1984年5月	¥1,200
253	般若心経55の知恵	松原哲明	こう書房	1984年4月	¥971
254	絵で読む般若心経	花山勝友	日本実業出版社	1984年4月	¥700
255	般若心経の真実	佐保田鶴治	人文書院	1982年6月	¥1,600
256	般若心経に学ぶ人生	ひろさちや	鈴木出版	1995年11月	¥1,500
257	般若心経のこころ	松原泰道	水書房	1989年11月	¥1,165
258	般若心経入門	松原泰道	祥伝社	1984年3月	¥1,600
259	般若心経の心	花山勝友	廣済堂出版	1989年1月	¥738
260	般若心経	中村　元	岩波書店	2001年1月	¥1,000
261	写経の不思議　般若心経	橘　香道	翼書院	1984年2月	¥1,800
262	般若心経・金剛般若経	中村　元 ／紀野一義	岩波書店	2001年1月	¥1,000
263	般若心経の知恵	赤根祥道	興陽館	1983年12月	¥854
264	「般若心経」講義	紀野一義	PHP研究所	1987年3月	¥400
265	仏教を読む　般若心経・金剛般若経	松原泰道	集英社	1983年10月	¥1,602
266	般若心経のすすめ	赤根祥道	れんが書房	1983年9月	¥1,200
267	般若心経で意識革命を	吉岡棟一	日新報道	1983年9月	¥1,000
268	般若心経の心がすくう	波羅蜜薩婆訶	池田書店	1983年9月	¥980
269	般若心経は神通力の泉	小原弘万	朱鷺書房	1983年6月	¥1,200
270	生活の中の般若心経	山田無文	春秋社	1983年4月	¥1,942

228	般若心経	西川玄苔	光雲社	1985年8月	¥1,700
229	無能唱元説話集 新釈・般若心経	無能唱元	新門出版社	1985年8月	¥600
230	般若心経と ブラックホール	松下真一	光文社	1985年7月	¥650
231	般若心経　第3巻	桑田二郎	けいせい出版	1985年8月	¥1,000
232	般若心経を語る	村瀬玄妙	浪速社	1985年6月	¥1,200
233	なるほどザ・般若心経 毎日の生きがい心訓	大栗道栄	中経出版	1985年7月	¥1,000
234	正法眼蔵解読　1，2，3	岡田利次郎	弥生書房	1985年6月	¥1,600
235	「般若心経」を解く	秋月龍／八木誠一	講談社	1985年6月	¥1,200
236	心のお経　般若心経 寿量品偈　観音経偈	佐藤俊明	書苑	1985年6月	¥1,300
237	心経読誦であなたも菩薩 般若心経二百二十万遍を読誦して	小原弘万	朱鷺書房	1985年5月	¥1,200
238	般若心経　第2巻	桑田二郎	けいせい出版	1985年4月	¥1,000
239	空と無の世界 般若心経を生きる	室生貞信	書苑	1985年3月	¥1,500
240	般若心経の信仰	平岡宕峯	ブレーン センター	1985年2月	¥1,500
241	般若心経　第1巻	桑田二郎	けいせい出版	1985年2月	¥600
242	洗心般若心経	松原哲明	チクマ秀版社	2000年12月	¥600
243	写経の不思議 般若心経（続）	橘　香道	翼書院	1984年12月	¥1,800
244	般若心経の本	ひろさちや	ベストセラーズ	1985年1月	¥699
245	般若心経略諺注	岩田正成	新人物往来社	1985年1月	¥1,200
246	「色即是空」の研究 般若心経の読み方	山本七平 ／増原良彦	日本経済新聞社	1984年10月	¥1,068
247	毒語心経	山田無文	禅文化研究所	1984年6月	¥3,000

205	般若心経講話	藤花教道	隆文館	1986年6月	¥1,300
206	般若心経100の成功法則	松本幸夫	ウィーグル	1986年6月	¥980
207	無心般若心経・人生の知恵	松原哲明	三笠書房	1986年6月	¥1,068
208	般若心経手帖	徳山暉純	木耳社	1983年3月	¥1,300
209	実相般若心経	堀田和成	法輪出版	1986年3月	¥850
210	はんにゃしんぎょう	こわせたまみ	フレーベル館	1986年6月	¥500
211	詳伝三気之処置 般若心経の奥儀	佐藤浩涵	華押出版	1983年12月	¥2,000
212	お守り般若心経	小河隆宣	東方出版	1983年9月	¥500
213	般若心経	坂本くにを	横浜詩人会	1983年6月	¥800
214	改訂3　般若心経夜話	上田栄作	山喜房佛書林	1982年10月	¥300
215	般若心経の研究	松浦秀光	国書刊行会	1983年1月	¥2,800
216	般若心経	ソナン・ギ	世界聖典刊行会	1983年2月	¥450
217	私観般若心経	長友建夫	山内書店	1981年12月	¥200
218	英語と般若心経を結ぶ語源の橋	鈴木勇夫	中部日本教	1981年12月	¥3,883
219	般若心経の味覚	窪内蜜雄	地方・小出	1981年4月	¥1,500
220	般若心経ひとすじ	小原弘万	思い出の友	1978年2月	¥1,800
221	般若心経のいのち	浜本末造	土屋書店	1978年1月	¥1,500
222	般若心経を考える	竹井博友	地産出版	1976年	¥600
223	般若心経90の知恵	公方俊良	三笠書房	1985年12月	¥495
224	空を拝む　私の般若心経	荒崎良徳	水書坊	1985年10月	¥650
225	写経　般若心経	西村輝成	ごま書房	1985年10月	¥750
226	般若心経の新解釈	加藤正民	近藤出版社	1985年9月	¥2,800
227	真説般若心経	柴田倭成	池田書店	1985年9月	¥2,800

185	「般若心経」でこう生きる	西垣広幸	同友館	1987年7月	¥1,500
186	科学般若心経	河野十全	真理生活研究所人間社	1987年5月	¥1,200
187	般若心経の歴史的研究	福井文雄	春秋社	1987年2月	¥9,500
188	般若心経・人生にこう活かす	沙門俊道	こう書房	1987年10月	¥1,000
189	般若心経	金岡秀友　校注	講談社	2001年4月	¥900
190	「般若心径」講義	紀野一義	PHP研究所	1987年3月	¥400
191	般若心経瞑想法入門	桑田二郎	主婦と生活社	1987年2月	¥748
192	般若心経のすべて	公方俊良	日本実業出版社	1987年1月	¥1,200
193	般若心経は語る	新居祐政	東方出版	1987年1月	¥1,200
194	心願成就の写経学般若心経	渡辺照敬	神宮館	1986年11月	¥1,905
195	般若心経願望実現パワー	松本幸夫	ウィーグル	1986年11月	¥980
196	現代の釈尊高橋信次師と5舎利子が語る真説般若心経講義	園頭広周	地方・小出	1986年11月	¥1,800
197	般若心経人生をこう生きてみな	ひろさちや	日本実業出版社	1986年9月	¥1,107
198	般若心経講話	鎌田茂雄	講談社	1986年9月	¥800
199	般若心経	山田無文	禅文化研究所	1986年8月	¥1,602
200	牧師が読む般若心経	橋本左内	白石書店	1986年7月	¥1,700
201	般若心経の霊妙力	桑田二郎	主婦と生活社	1986年7月	¥748
202	般若心経の心	花山勝友	廣済堂出版	1986年7月	¥398
203	空海般若心経秘鍵	空海　著／金岡秀友　訳	太陽出版	1986年6月	¥2,200
204	般若心経　私の挑戦	佐藤忠三郎	農山漁村文化協会	1986年6月	¥1,200

164	般若心経秘鍵	福田亮成	ノンブル	1988年2月	¥2,000
165	般若心経読誦と不思議	小原弘万	朱鷺書房	1988年11月	¥1,400
166	般若心経で 自分を変えよう	吉武孝祐	ソーテック社	1988年12月	¥1,000
167	改訂版　般若心経の信仰	平岡宕峯	駸々堂出版	1988年3月	¥1,359
168	梧竹臨書精選 臨王義之般若心経 行書篇	中林梧竹	教育書籍	1988年8月	¥2,600
169	寂聴般若心経	瀬戸内寂聴	中央公論新社	1988年10月	¥1,300
170	般若心経のすべて	公方俊良	日本実業出版社	1987年1月	¥1,200
171	はじめての般若心経	大栗道栄	日本文芸社	1988年8月	¥1,100
172	般若心経と浄土	沢井信順	三創出版	1987年8月	¥500
173	日本の仏典　2　空海	頼富本宏	筑摩書房	1988年6月	¥3,600
174	般若心経の智慧	秋月龍珉	永岡書房	1988年5月	¥825
175	「般若心経」を読む	紀野一義	埼玉福祉会	1987年10月	¥3,500
176	熊さん八っあん これがありがて	秋　竜山	地方・小出	1988年4月	¥1,000
177	折仏　般若心経を折る	高浜利恵	バベル社	1988年1月	¥3,800
178	般若心経に学ぶ	宝積玄承	東方出版	1987年12月	¥1,800
179	最後の般若心経	松原泰道 ／大城立裕	徳間書店	1987年12月	¥1,214
180	般若心経の小話	春見文勝	春秋社	1987年11月	¥1,500
181	浮世絵　般若心経	小沢重行	三心堂出版社	1987年10月	¥800
182	写経—般若心経・ 観音経—手本	新川晴風	東京堂出版	1987年9月	¥2,136
183	般若心経で運を開く	赤根祥道	佼成出版社	1987年9月	¥800
184	般若心経の話	高崎直道	曹洞宗宗務庁	1985年7月	¥600

143	運を開く般若心経の読み方	公方俊良	PHP研究所	1990年6月	¥1,068
144	平成版・般若心経	佐藤亮拿	現代書林	1990年2月	¥1,748
145	自己実現のための般若心経活用	橋川　聡	HBJ出版／マインド・コーポレーション	1989年12月	¥1,214
146	般若心経 色即是空のお経	ひろさちや　原作／本山一城　画	鈴木出版	1990年1月	¥1,165
147	マンガで読む般若心経　1	桑田二郎	廣済堂出版	1989年12月	¥467
148	マンガで読む般若心経　2	桑田二郎	廣済堂出版	1990年1月	¥467
149	般若心経の読み方	飯塚関外	立風書房	1994年5月	¥1,200
150	心に訴える般若心経		天神寺	1989年	¥1,500
151	般若心経入門	赤根祥道	興陽館書店	1989年10月	¥728
152	般若心経の生き方	遠藤　実	ごま書房	1989年8月	¥777
153	心に訴える般若心経		浄教宗本山	1989年	¥1,500
154	マンガ般若心経入門	白取春彦　原作／篠崎佳久子　画	サンマーク出版	1989年8月	¥1,165
155	［カセット］これが「般若心経」だ	公方俊良	サンマーク出版	1989年7月	¥1,748
156	般若心経	後奈良天皇	集英社	1989年2月	¥180,000
157	般若心経入門	村岡　空	佼成出版社	1989年6月	¥1,553
158	写経独習入門	岡沢禎華	日貿出版社	1989年4月	¥2,500
159	般若心経三部解	慈空道人	PTN研究所	1989年3月	¥1,000
160	般若心経の話	大山澄太	潮文社	1993年6月	¥1,359
161	人間をでっかくする般若心経	尾関宗園	日新報道	1989年3月	¥1,000
162	『般若心経』の研究	長谷川洋三	恒文社	1989年1月	¥3,200
163	マンガ般若心経入門	ひろさちや　文／平松　修　画	徳間書店	1988年12月	¥1,000

123	ビジネスマンのための 般若心経	公方俊良	評伝社	1990年9月	¥1,165
124	般若心経	池田魯参	講談社	1990年9月	¥1,300
125	般若心経講義	紀野一義	PHP研究所	1991年6月	¥485
126	21日間般若心経の独習	松本幸夫	ウィーグル	1991年1月	¥971
127	松原泰道全集　1 般若心経のこころ	松原泰道	祥伝社	1990年10月	¥2,427
128	大神璽正法図の謎 日本の般若心経は図形が消されている	穂刈法男	現代書林	1990年9月	¥1,165
129	密教よりみたる 般若心経講話	本山　博	宗教心理出版	1988年9月	¥2,913
130	般若心経入門	松原泰道	祥伝社	1990年1月	¥5,000
131	般若心経講話	藤吉慈海	朝日新聞社	1984年2月	¥9,800
132	素読・般若心経入門	安達忠夫	ごま書房	1987年9月	¥2,000
133	生きること： 般若心経入門	尾関宗園	朝日出版社	1988年10月	¥4,507
134	宗洞宗　修証義・ 般若心経	大本山永平寺	ポニー東京	1990年1月	¥2,100
135	般若心経観音経・ 観音信仰に	大西良慶	ポニー東京	1990年1月	¥2,800
136	般若心経講話：全10講	松原泰道	水書坊	1990年1月	¥19,000
137	王義之般若心経	木耳社編集部	木耳社	1990年7月	¥1,165
138	コミック般若心経	松崎雄二	星雲社	1990年7月	¥1,165
139	般若心経／観音経		ポニー東京	1990年7月	¥2,913
140	あなただけの般若心経	阿部慈園ほか	小学館	1990年7月	¥1,890
141	般若心経秀華	飯島太千雄	講談社	1990年6月	¥9,709
142	般若心経詩訳	菊村紀彦	読売新聞社	1990年6月	¥1,650

103	般若心経　深山の入口	太田　治	群書	1992年６月	¥1,554
104	はじめての般若心経	松原哲明	海竜社	1992年５月	¥1,262
105	自然体（あるがまま）の般若心経	牛込郎覚心	ベストブック	1992年２月	¥1,359
106	般若心経の世界	丸山　勇　写真／堀内伸二　解説	立風書房	1992年２月	¥1,905
107	私の般若心経	村上利位	新人物往来社	1991年12月	¥1,456
108	天狗の般若心経	鞍馬葉天狗　述	大東出版社	1991年11月	¥1,262
109	願望がかなう般若心経の大霊力	立木恵章	広済堂出版	1991年11月	¥738
110	ビジネスマンの般若心経	相場元次	春秋社	1991年10月	¥1,456
111	観自在に生きる	金岡秀友	独楽書房	1991年10月	¥1,262
112	仏陀の法力による般若心経の大予言	中杉　弘	日経企画出版局	1991年９月	¥971
113	般若心経の読み方・唱え方	橋川　聡	明日香出版社	1991年９月	¥2,233
114	職業別般若心経	酒田海月	マガジンハウス	1991年７月	¥854
115	般若心経でこう生きる	ひろさちや	日本実業出版社	1991年７月	¥777
116	わたしの般若心経	松原泰道	祥伝社	1991年７月	¥857
117	無の道　金剛経の話	藤本　治	春秋社	1991年３月	¥1,456
118	般若心経・金剛般若経	中村　元／紀野一義　訳註	岩波書店	2001年１月	¥1,000
119	21日間般若心経の独習	松本幸夫	ウィーグル	1991年１月	¥971
120	般若心経を生きる	酒井大岳	水書坊	1991年	¥1,262
121	ひろさちやの般若心経88講	ひろさちや	新潮社	1990年12月	¥1,400
122	般若心経の暗号	柳川昌弘	ベストセラーズ	1990年11月	¥738

81	生き方を変える やわらかい技術	田中孝顕	騎虎書房	1993年12月	¥1,262
82	目で見る・わかる 「般若心経」の世界	西条慎之介	オーエス出版	1993年12月	¥1,359
83	般若心経の真義	重松昭春	朱鷺書房	1993年12月	¥1,800
84	「般若心経」の革命	中野裕道	元就出版社	1993年11月	¥1,942
85	瑞法の般若心経を生きる	雲輪瑞法	海竜社	1993年11月	¥1,165
86	禅語般若心経	中村文峰	春秋社	1993年9月	¥1,748
87	新訳般若心経	松原哲明	三修社	1993年7月	¥1,748
88	般若心経と茶道	藤吉慈海	大東出版社	1993年7月	¥1,456
89	四十歳からの般若心経	松原泰道	大和出版	1993年7月	¥1,553
90	般若心経の話	大山澄太	潮文社	1993年6月	¥1,359
91	般若心経の道	飯島太千雄	慈光寺	1993年2月	¥2,330
92	般若心経に学ぶ	花山勝友	日本放送出版協会	1995年11月	¥922
93	般若心経	吉野智支	勁草出版 サービス	1993年2月	¥3,000
94	心経百話	妣田圭子	東方出版	1993年1月	¥1,000
95	般若心経	菊村紀彦	雄山閣出版	1992年12月	¥2,718
96	般若心経への道1	桑田二郎	ロングセラーズ	1991年8月	¥1,262
97	般若心経への道2	桑田二郎	ロングセラーズ	1992年5月	¥1,262
98	般若心経への道3	桑田二郎	ロングセラーズ	1992年12月	¥1,456
99	般若心経 人生が明るくなる本	杉浦公昭	みき書房	1992年9月	¥1,456
100	松原哲明の実践般若心経	松原哲明	チクマ秀版社	1992年7月	¥1,262
101	般若心経のこころ	瀬戸内寂聴ほか	プレジデント社	1992年7月	¥1,456
102	般若心経	花山勝友・ 花山勝清　共著	こう書房	1992年6月	¥1,204

60	ビジュアル版般若心経	清水公照ほか	プレジデント社	1995年4月	¥1,845
61	大般若と理趣分のすべて	渡辺章悟	渓水社	1995年4月	¥13,000
62	ティク・ナット・ハンの般若心経	ティク・ナット・ハン著／棚橋一晃訳	壮神社	1995年3月	¥1,456
63	あなたの願望を実現する真実の「般若心経」	巽　直道　述／越智宏倫　記	産能大学出版部	1995年3月	¥1,456
64	般若心経抄図絵	一休　　抄／禅文化研究所編集部　編集	禅文化研究所	1995年	¥2,000
65	私訳般若心経	吉井　功	近代文芸社	1994年11月	¥1,942
66	子どもと読む般若心経	池田魯参　文／大川泰央　版画	大揚社	1994年11月	¥1,553
67	般若心経瞑想法	桐山靖雄	平河出版社	1994年11月	¥2,913
68	般若心経と宇宙・人は死んでも甦る	岡村宗一郎	近代文芸社	1994年10月	¥971
69	心経法話	大栗道栄	国書刊行会	1994年9月	¥2,718
70	般若心経90の智恵	公方俊良	三笠書房	1994年9月	¥981
71	般若心経真言（マントラ）	南風　椎	三五館	1994年8月	¥971
72	生と死の般若心経	牛込覚心	スコラ	1994年6月	¥1,553
73	改訂新版　般若心経　虚心の祈りと智慧の世界	堀田和成	法論出版	1994年6月	¥1,500
74	般若心経の読み方	飯塚関外	立風書房	1994年5月	¥1,200
75	みなさんの般若心経	岡　義光	六法出版社	1994年5月	¥1,262
76	般若心経の新世界	宮坂宥洪	人文書院	1994年5月	¥2,000
77	空海と『般若心経』のこころ	池口恵観	講談社	1994年4月	¥1,553
78	空即是色　般若心経の世界	五井昌久	白光真宏会出版本部	1994年2月	¥1,400
79	般若心経で心を磨く	田中成明	日新報道	1994年2月	¥1,262
80	和訳般若心経	里道徳雄　編著	東京美術	1994年1月	¥1,553

38	初めての般若心経	お経のすすめ研究会　編	四季社	1997年９月	¥380
39	般若心経の世界	瓜生　中／渋谷申博	日本文芸社	1997年４月	¥1,400
40	わかる般若心経	岡野守也	水書坊	1997年２月	¥1,456
41	あなただけの名品般若心経	飯島太千雄	小学館	1997年１月	¥2,427
42	般若心経に遊ぶ	松原泰道	プレジデント社	1996年11月	¥3,398
43	般若心経の霊験	桑田二郎　画・文	主婦と生活社	1996年11月	¥1,359
44	「般若心経」生き方のヒント	ひろさちや	日本経済新聞社	1996年８月	¥1,262
45	ぜんきゅうの般若心経	丹羽善久	成星出版	1996年８月	¥1,456
46	般若心経の思想	藤見紀雄	近代文芸社	1996年８月	¥1,748
47	般若心経の秘密	中嶋秀次郎	早稲田出版	1996年７月	¥1,456
48	「般若心経」を読む	紀野一義ほか	鈴木出版	1996年６月	¥1,500
49	改訂新版　牧師が読む般若心経	橋本左内	白石書店	1996年４月	¥2,500
50	パーラミターユートピア	梅原総山	総徳出版	1996年４月	¥1,942
51	30分でわかる般若心経	松原哲明	三修社	1996年３月	¥1,165
52	般若心経読解	石田稔一	近代文芸社	1996年１月	¥1,748
53	般若心経「空」の成功法則	藤田公道	山下出版	1996年１月	¥1,359
54	梵字般若心経	徳山暉純	木耳社	1995年12月	¥1,600
55	般若心経に学ぶ	花山勝友	日本放送出版協会	1995年11月	¥922
56	般若心経に学ぶ人生	ひろさちや／阿純孝	鈴木出版	1995年11月	¥1,500
57	聖玻璃の山	夢枕　漠	早川書房	1995年10月	¥2,233
58	般若心経を庶民の目で読む	香川　勇	黎明書房	1995年10月	¥2,330
59	最後の「般若心経」講義	松原泰道	地湧社	1995年７月	¥1,600

17	マンガ般若心経入門	蔡志 忠作画／野村 春眠解説／瀬川千秋訳	講談社	2000年2月	¥1,400
18	般若心経論考 上巻インド思想	奥田博之	尼崎 インド思想研究所 京都	2000年1月	¥5,000
19	般若心経論考 下巻インド思想	奥田博之	尼崎 インド思想研究所 京都	2000年1月	¥5,000
20	元気が出る哲学 般若心経入門	大栗道栄	リヨン社	1999年12月	¥2,000
21	金剛般若経の思想的研究	阿部慈園	春秋社	1999年10月	¥25,000
22	金剛般若経・般若心経研究	小林利裕	近代文芸社	1999年10月	¥4,500
23	珍説般若心経	野村春眠	ノンブル	1999年7月	¥2,300
24	気楽なさとり方 般若心経の巻	宝彩有菜	日本教文社	1999年6月	¥1,190
25	生と死の『般若心経』	牛込覚心	大蔵出版	1999年3月	¥2,000
26	般若心経の謎を解く	三田誠広	ネスコ	1998年11月	¥1,600
27	般若心経講義	奈良康明	東京書籍	1998年7月	¥1,600
28	大活字図説般若心経	小沢重行	三心堂出版社	1998年5月	¥1,200
29	般若心経	池口恵観	同朋舎	1998年5月	¥1,400
30	現代語で考える般若心経	伊藤公夫	近代文芸社	1998年3月	¥3,000
31	心に訴える般若心経	黄光竜	光出版舎	1998年2月	¥1,700
32	西村公朝が語る 般若心経のこころ	西村公朝	ほるぷ出版	1998年1月	¥1,600
33	般若心経の科学	天外伺朗	祥伝社	1997年12月	¥848
34	般若心経説法	松原泰道編著	歴思書院	1997年11月	¥1,600
35	野に語る・般若心経	酒井大岳	光雲社	1997年11月	¥1,600
36	改訂版 天狗の般若心経	鞍馬葉天狗 述／信楽貞夫 編集	鞍馬弘教 総本山鞍馬寺出版部	1997年10月	¥1,100
37	空と無の世界	宝生貞信	書苑	1985年3月	¥1,500

【資料】『般若心経』関係著作リスト

No.	書　名	著者名	出版社	発行年月	本体価格
1	てのひら般若心経	佐藤健三写真 ひろさちや監修	小学館	2001年５月	¥800
2	空即是色花ざかり	荒　了寛	里文出版	2001年５月	¥1,800
3	定年後は「般若心経」で 悔いなく生きよう	松野宗純	亜紀書房	2001年２月	¥1,500
4	般若心経の信仰	平岡宕峯	創元社	2001年１月	¥1,330
5	般若心経・金剛般若経	中村元／ 紀野一義訳註	岩波書店	2001年１月	¥1,000
6	『般若心経』という生き方	松原泰道	現代書林	2001年１月	¥1,600
7	洗心般若心経	松原哲明	チクマ秀版社	2000年12月	¥600
8	般若心経の総合的研究	福井文雅	春秋社	2000年11月	¥16,000
9	驚異の写経パワー	中嶋秀次郎	文芸社	2000年10月	¥1,200
10	絵で読む般若心経 色即是空篇	桑田二郎	ブックマン社	2000年７月	¥1,500
11	絵で読む般若心経 般若波羅蜜多篇	桑田二郎	ブックマン社	2000年７月	¥1,500
12	生まれ変わる 般若心経のこころ	ひろさちや	世界文化社	2000年６月	¥1,200
13	蔵文和訳一万頌般若経	林　純教	大東出版社	2000年５月	¥15,000
14	かわかない心の旅	松原哲明	日本放送出版協会	2000年５月	¥970
15	般若心経現代語訳	久次米広文	MBC21	2000年４月	¥1,905
16	(新版)般若心経のこころ とらわれない生き方を求めて	瀬戸内寂聴ほか	プレジデント社	2000年３月	¥1,500

著者プロフィール

齋藤 喜一（さいとう きいち）

昭和8年（1933）、山形県生まれ。
法政大学（文）・東洋大学大学院（法・修士）
取得資格：教員（高校国語）・学芸員及び社会教育主事。
地方公務員（健康行政・総合計画、開発・税務部署責任者及び会計責任者〔町の収入役〕）を経て平成7年より柏市内の寺院（曹洞宗）責任者として現在にいたる。（2002・6・15 現在）

あなたと語る般若心経

2002年9月15日　初版第1刷発行

著　者　齋藤 喜一
発行者　瓜谷 綱延
発行所　株式会社 文芸社
〒160-0022　東京都新宿区新宿1－10－1
電話 03-5369-3060（編集）
03-5369-2299（販売）
振替 00190-8-728265

印刷所　株式会社 フクイン

ISBN4-8355-4401-3 C0095